W0083364

GERHARD POLT
ÖHA!

GERHARD POLT

Öha!

Kleine
Wiesn- und Heimatkunde

Teilweise in Zusammenarbeit mit
Hanns Christian Müller
Illustrationen von Volker Kriegel

Kein & Aber

INHALT

TRANSPARENZ

Gerade im Sommer, aber auch schon im Frühjahr fang ich immer an mit einem Bock. Meistens jedenfalls, wenn ich im Biergarten bin. Ich nehme einen Bock und danach wieder was Leichtes. Daraufhin vielleicht wieder ein Weißbier. Oder ein ... nein, ein Pils eigentlich nicht. Und dann kommt's immer aufs Wetter drauf an, ob ich noch einmal zum Bock greife. Denn wenn der Bock so wie Sirup runtergeht im Biergarten ... aaah!

»Das ist eben ein Bock«, sag ich, wenn ich ein Bockbier trinke. Dann habe ich meine acht Prozent. Das kriegst heute bei keiner

Sparkasse. Außerdem ist es eine Unterlage und einfach eine Kultur.

Das Einzige, auf das man Obacht geben muss, ist, dass man ihn aus einem Glaskrug trinkt. Niemals aus einem Steinkrug! Weil da sieht man ja nicht, was drin ist.

Neulich, ich hock im Biergarten, die Blaskapelle spielt *Ein Prosit der Gemütlichkeit*, wunderbar, ich zieh an, also ich trinke quasi. Auf einmal hab ich so einen Schladerer im Hals. So einen... Schleim, so einen ... Glachl. Auswurf könnte man auch sagen. Ich habe ihn nicht gesehen, aber ich vermute, dass er grün war. Grün, jawohl!

Und dann ist mir dieser mir unbekannte Schleim Millimeter für Millimeter, verstehen Sie, wie eine Schnecke, langsam, zäh, meinen eigenen Hals hinuntergekrabbelt. Und das zieht sich natürlich, bis der unten ankommt. Ich stand der Sache machtlos vis-à-vis. Und da kann man sagen, was man will, das ist... unappetitlich.

Natürlich hab ich einen Schnaps gebraucht, und nicht bloß einen, gleich ein paar! Aber es hat nichts geholfen. Ich hab dann eine … Ding gekriegt, eine Mundfäule. Ich sag's Ihnen, ich habe eine solche Mundfäule bekommen! Ekelhaft! Sogar die Fliegen sind auf und davon! Ich mag's gar nicht schildern, weil sonst graust's Ihnen bloß.

Ich hab schon gewusst, jetzt musst zum Doktor. Hilft alles nichts. Also geh ich zum Doktor, zum alten Rosstäuscher. War der nicht da! Der war in Urlaub! Der war in der Dominikanischen Republik! Was tut der alte Depp in der Dominikanischen Republik?, frag ich Sie.

Aber einen Assi hat er gehabt, einen jungen Ossi. Also der Assi war ein Ossi, und dem hab ich von meinem Problem erzählt. Ich hab gesagt: »Horchen S' zu«, hab ich gesagt, »ich bin im Biergarten drin, die Musi spielt *Ein Prosit der Gemütlichkeit*. Ich zieh an, also ich trinke quasi, auf einmal hab ich so einen Schladerer im Hals, so einen Schleim, so einen Glachl, so einen Auswurf! Ich kann Ihnen nicht genau die Farbe schildern, aber ich vermute, er war grün.« »Das kenn ich schon, das kenn ich schon«, sagt der Ossi. »Nein«, sag ich, »gar nichts kennen Sie. Jetzt

9

mögen Sie mir schon einmal zuhören, oder wollen Sie bloß operieren?« Dann redet der noch so saublöd daher und lacht. »So, so, einen Auswurf haben Sie verschluckt. Das ist doch die Auster des kleinen Mannes.«

So ein Arschloch, da muss ich mich von diesem Grattler auch noch verspotten lassen. So weit sind wir! Aber Spaß beiseite, warum erzähl ich das? Was will ich damit bezwecken? Ich sag bloß: »Trink immer nur aus einem Glaskrug, da siehst du, was drin ist, da hast du eine Transparenz! Und wenn wirklich im Schaum ein Lungenhering herumschwimmt, kannst du ihn allerweil noch rechtzeitig herausfischen!«

ATTACKE AUF
GEISTESMENSCH

Haben Sie das gelesen in der Zeitung, wo der Schmierfink das hineingeschrieben hat? Schreibt so einen Blödsinn – von wegen *Attacke auf Geistesmensch*, also Schlagzeile und so. Das ist doch eine Schweinerei, was sich dieser Zeitungsschmierer da erlaubt, alles erstunken und erlogen. Weil das Ganze war vollkommen anders, und ich kann es ja bezeugen, weil ich war ja dabei. Als Kron ..., Dings, ... zeuge. Aber die Leute glauben halt immer das, was in der Zeitung steht. Früher hättens solche Lügner vergast. Aber heute könnens schreiben, was s' wollen. Also der Hergang war in Wirklichkeit so: Wir ham beschlossen, dass wir einmal wieder aufs Oktoberfest gehen. Und ham gsagt, wir gehen auf die Wiesn, nehmen wir aber keine Frauen mit, weil wir wolln eine Gaudi haben. Pünktlich um fünf Uhr haben wir uns dann am Haupteingang getroffen, und dann hat der Adi gsagt, also jetzt, bevor wir anfangen, legen wir uns erst einmal einen auf. Und dann ham wir ein bisserl Feuerwasser zu uns genomma. Da hat dann der Adi gsagt, na ja, jetzt sind wir auf dem Oktoberfest, und weil wir da sind, fahrn wir gleich einmal mit der Geisterbahn. Wir ham dann gsagt, Adi, Mensch, wir sind doch keine Kinder mehr, die wo mit der Geisterbahn fahrn. Aber der Adi hat drauf bestanden. Und hat geschrien, also nein, jetzt samma auf dem Oktoberfest, und jetzt fahrn wir mit der Geisterbahn. Also, tun wir ihm halt den Gefallen, ham wir uns gedacht, und sind rein in die Geisterbahn. Der Adi ist neben mir gesessen, und als der erste Geist daherkimmt, da zieht der Adi plötzlich aus der Joppe einen Stuhlhaxn heraus – ein Stuhlbein – und haut dem Geist – eine Art Kreuzspinne – eine drauf, dass es nur so gekracht hat. Der Geist war aus Gips, und da war dann nicht mehr viel übrig von dem Geist – nur noch so ein Drahtge-flecht, halt das Gerippe. Ja, sag ich, Adi, magst du keine Geister, nein, sagt er, ums Verrecken nicht, die hab ich noch nie leiden können. Und dann hat er jeden Geist, der da-hergekommen ist, links und rechts mit dem Stuhlbein eine serviert. Und die Geister – wie gesagt – bestehen zumeist aus Gips, und in der Geisterbahn hat es gestaubt, wie wenn ein Mehlsack explodiert wäre, und die, die hinter uns gefahren sind, haben nur noch so Gipshäufchen angetroffen statt einen Geist. Nach dieser Fahrt haben wir uns dann alle an den Ausgang von dieser Geisterbahn hin-gestellt und haben uns die Gesichter von denen angeschaut, die nach uns gekommen sind, weil die haben schon ganz entgeistert dreingeschaut.

Mein Gott, das war eine Gaudi.

Doch dann war es soweit. Der Adi hat ge-sagt, also, jetzt ist es soweit, dass es soweit ist, und wir gehen ins Bierzelt. Am besten gehen wir ins Schottenhammelzelt, obwohl s' nur einen Spatenbräu haben. Aber innen drinnen war es bumsvoll. Kein Platz weit und breit. Ein Gewusel überall – nicht ein Platz. Weil einem die Scheißjapaner und Holländer immer die Plätze wegkaufen. Da hat der Adi dann gesagt, also wenn es so ist, dann gehen wir rüber in die Ochsenbraterei, wo die Ochsen sind, und vielleicht kriegen wir dann da einen Platz. Aber da war dann die nämliche Situation. Überall voll, und kein Platz nirgendwo. Ich erzähl das Ganze auch nur, weil mich der Zeitungsschmierer – so einem Kerl könnt ich einen Fußtritt geben, weil nichts wahr ist von dem, was er schreibt, und wenn's so ist, scheiß ich auf die Pressefreiheit –, so, und jetzt wird's interessant. In der Nähe, da wo der Ochse gebraten wird, vorn, ganz beim Ochsen selbst, ein großer Tisch – *frei*. Nur ein Mensch sitzt da, so ein Zwetschgenmanderl, so ein kleiner, mickriger Kerl halt, und sonst niemand. Alles frei. Jetzt ist der Adi gleich zu dem Zwetschgenmanderl hin und hat gefragt, aber ganz freundlich: Du, Spezi, ist da noch frei? Der Zwetschgenmanderl, sicher ein Ausländer, hat dann wild mit den Armen herumgefuchtelt. Deutsch hat er auch nicht können, aber er wollte quasi sagen, nein. Aber da hat der Adi gleich prompt reagiert und hat dem Zwetschgenmanderl gesagt – aber ganz freundlich –, dass wir uns richtig verstehen, wir sind insgesamt sieben Metzger. Und dann ham wir uns hingesetzt. Das war auch wirklich zünftig. Ein Bier ist gleich dahergekommen und Schweinswürsterl. Bloß das Zwetschgenmanderl hat sauer dreingeschaut und hat seine Gulaschsuppe gegessen. Da hat der Adi ein ganzes Salzfasserl genommen und hat es dem Zwetschgenmanderl in die Gulaschsuppe geschüttet und hat gesagt, sauer macht lustig, Spezi. Aber das Zwetschgenmanderl hat keinen Spaß nicht verstanden. Aber mir hatten eine Gaudi, und ich hab gleich noch einen Steckerlfisch gegessen. Und der Schnaps ist auch gelaufen und noch ein Bier. Und drum muss ich sagn, dass das mit der Pressefreiheit eine Schweinerei ist, und solche Zeitungsschmierer gehören mit einem Ochsenfiesel zusammengeschlagen. Weil jetzt kommt's,

die Musik spielt *Ein Prosit der Gemütlichkeit*, das ganze Bier steht auf den Tischen,
wir auch, und *Eins, zwei, drei – gsuffa* haben
sie noch nicht gespielt – da kommt das
Zwetschgenmanderl daher zum Adi und be-
rührt ihn mit der Hand an der Joppn. Ich
hab's genau gesehen, er hat ihm die Joppe
angelangt und sagt: Police, police. Und so
viel Englisch kann der Adi auch, und jetzt
kommt es, was ich beschwören kann. Mit jedem Eid. Auch wenn's der Zeitungsschmierer gelogn hat. Der Adi hat überhaupt nicht
zugeschlagen, von Zuschlagen kann keine
Rede sein, sondern er hat dem Zwetschgenmanderl den Maßkrug lediglich auf dem
Schädel aufgesetzt, und dann war eine Ruhe.
Wir haben dann noch gleich ein Bier getrunken, und es war eine Bombenstimmung.
Und ich habe noch einen türkischen Honig
gegessen und einen Klosterlikör getrunken,
also am Oktoberfest ist es schon schön. Vor
allem, wenn man mit einer Blosn hingeht,
also in Gesellschaft. Bloß am Nebentisch, da
waren auch so Arschlöcher, das waren so
Sachsen, aus der früheren Teterä. Der Adi

17

hat denen auch gleich gesagt, sie sollen sich anständig benehmen und überhaupt einmal was arbeiten. Der Adi sagt, jetzt habts ihr vierzig Jahre lang im Bett rumgeflackt, und es ist schon eine Frechheit, dass sie jetzt daherkommen und unsere Hendl wegfressen. Da steht einer von diesen Rädelsführern auf und will auf den Adi losgehen, bloß, der Adi hat sich besonnen und hat gewusst, er lässt sich nicht provozieren, weil er ja das Stuhlbein unterm Tisch hat. Der Adi langt hinunter und zerrt so merkwürdig. Ich denke noch, was zerrt er denn so? Was ist denn das? Da zieht der Adi mit zwei Fingern das Zwetschgenmanderl an den Nasenlöchern herauf. Ja Herrschaft, ja verreck, ist der allweil noch da. Das Zwetschgenmanderl, und das muss man zugeben, hat nicht mehr gut ausgeschaut, eher schlecht, und es ist auch gleich der Sanka gekommen, und dann hams ihn mitgenommen, in die Klinik. Und jetzt steht da in der Zeitung: ATTACKE AUF GEISTESMENSCH – NOBELPREISTRÄGER ERLEIDET SCHÄDELBASISBRUCH. Also sicher, so, wie der ausgschaut hat, das glaub ich schon, dass

der so schnell keinen Nobelpreis mehr be-
kommt, aber ich bin der Meinung, wenn einer schon so fürchterlich studiert hat, dann
muss er doch auch wissen, und soviel Hirn
muss er haben, dass er wissen muss, dass
man mit einem Kopf, der wo nichts aushält,
dass man damit nicht aufs Oktoberfest geht.

KLEINE WIESNKUNDE

Der Mann mit dem Antilopentrachtenlederkostüm war perfekt. Er war total charivarisiert. Er nickte ständig mit hochrotem Kopf. Um diese Zeit kommt so ein Teint aus Ibiza oder Formentera.

Anschließend geht er sofort aufs Oktoberfest, weil er ist ein Traditionalist. Seine Begleiterin ist eine flachsblonde Person, sie hat sich ihr Dirndl in New York anfertigen lassen, bei Sepp's im Hirschhorncenter.

Die flachsblonde Person isst nie irgend etwas, will auch heute keinen *loup de mer*, obwohl sie auf dem Oktoberfest ist, sie sagt: »Es ist da immer recht zünftig.«

Inzwischen sind noch mehr Leute mit perfekten Antilopentrachtenlederkostümen da. Unter ihnen befinden sich keinerlei Kinder, bis auf das eine in einem Antilopentrachtenlederkostüm, auch der Trachtenhut ist aus Antilope. Der Gamsbart ist aus Glasfiber. Der echte Gamsbart könnte auf dem Wege zum original Bierzelt verlorengehen.

Der Mann, der immer noch nickt, sagt: »I war ois Kind scho auf der Wiesn.« Er sagt es betont und sagt es fast bayrisch, da er gerade keinen Geschäftsabschluss feiern muss.

Alle Leute im original Bierzelt sind jetzt zünftig und erzählen sich, was ihre Antilopentrachtenlederkostüme gekostet haben. Ein Zeitungsverkäufer, also ein Pakistani, verkauft gerade eine Schlagzeile. Diese besagt, dass einer, der gestern noch überall im Antilopentrachtenlederkostüm zu sehen war, jetzt pleite ist. Der echte Gamsbart wurde ihm vom Hut heruntergepfändet. Es geht ein Raunen durch das original Bierzelt.

Der Mann aus Ibiza oder Formentera erzählt eine nette Geschichte. Ein guter Freund von ihm, also ein Mensch durchaus im Antilopentrachtenlederkostüm und immer total charivarisiert, ging in das Spiegellabyrinth. Da er »am Ende« war, also total alkoholisiert, fand er aber aus dem Spiegellabyrinth nicht heraus. Da jedoch ein Gesetz lautet: »input = output«, musste sich der Freund im Antilopentrachtenlederkostüm entleeren und tat dies gänzlich und, wie man so schön sagt, total.

Die Wiesnbesucher konnten in das Labyrinth von außen einsehen und waren total begeistert. Der Mann nickte jetzt noch intensiver und schrie: »Das war der größte Tag auf der Wiesn!« Darauf bestellte er eine »Magnum«, also eine Riesenflasche Champagner, und erzählte die Geschichte an diesem Wiesntage noch mindestens neunzehnmal oder mindestens so oft, wie er es einem jeden erzählen konnte. Von irgendwo draußen im Gewoge geht ein Mann mit einem Schild durch die »Zünftigen«, auf dem abzulesen ist, wo man sich eine Alkoholleiche abholen kann, falls noch Interesse daran bestünde. Der Mann neben mir ist ein arrivierter Ausländer im Antilopentrachtenlederkostüm und sagt, er freue sich schon sehr, dass er wieder auf der Wiesn sei. Vor zwei Jahren schlug ihm ein Subjekt, also ein anonymer Wiesnbesucher, mit der Faust derart ins Gesicht, dass er unglücklich stürzte und wegen eines Blutgerinnsels im Gehirn ein Jahr stationär blieb, aber in einem First-class-Krankenhaus.

Wahrscheinlich hat das anonyme Subjekt trotz dem Antilopentrachtenlederkostüm erkannt, dass es sich bei ihm um einen Ausländer handelte. Um sich noch besser völkisch zu integrieren, bestellte er sogleich eine Portion Mozzarella und Reiberdatschi mit Malossolkaviar.

Wenn er schon auf die Wiesn gehe, dann möchte er schon wissen, warum, sagt der arrivierte Ausländer.

Ich greife jetzt zu meinem Antilopentrachtenlederkostüm, verlasse die Wiesn bei Nacht, sehe die Lichter, erkenne die Fischsemmeln wieder, das einzige, was so ist, wie es immer war auf der Wiesn, und hoffe, nächstes Jahr wieder dabeizusein.

PS: Wer unbedingt geschäftlich was erreichen will, so oder so – nächste Woche ist in Singapur Oktoberfest. Die Firma Pfr & Co. verleast ein ganzes Oktoberfest. Die Antilopentrachtenlederkostüme werden in Kenia angefertigt.

BAUERNTAG IM BIERZELT

Eine Ansprache im Wahlkampf. Es treten auf und spielen mit: Blaskapelle, ein dünner Sommertrachtenanzug, viele dünne Sommertrachtenanzüge, Demonstranten, Er.

BLASKAPELLE Mpftarara mpftarara mpfta mpfta mpftarara usw. *Gemessener Beifall. Ein dünner Sommertrachtenanzug eröffnet mit ebensolcher Stimme das Entertainment.*

TRACHTENANZUG Mit großer Bewunderung, aber auch die unglaubliche Bereitschaft, sich zu uns, die wir von seiner Zeit beanspruchen können, hat uns die Gnade erreicht. – Äh, die CSU wählen zu dürfen ist eine Möglichkeit, die erst seit dem Zweiten Weltkrieg ermöglicht wurde. *Bravos.* Deshalb stehen wir in der Verantwortung, diese schicksalsträchtige Schangse permanent zu ergreifen. *Tosender Beifall.*

Der Trachtenanzug tritt ab. Ein Tribunal aus mehreren dünnen Sommertrachtenanzügen patschelt routiniert.

BLASKAPELLE Umpftara rumpftätära rumpf rumpf umpf rärumpf ...

Er selbst begibt sich ans Mikrofon. Im Bierzelt gesellt sich zu den 40° Celsius der allgemeine Enthusiasmus.

ER Männer und Frauen, meine lieben Landsleute! *Bravos und vereinzelte Hahas.* In der Hitze der Zeit, aber auch von schwerster Verantwortung getragen, gebietet mir die *– zu den Demonstranten mit Plakat –,* bstreiten S' doch erst amal Ihre eigene Existenz, wenn S' was bestreiten wollen – *brüllendes Gelächter –,* mir ureigene, von einer Minorität vorgehaltene Verdummungsmache – *Bravos –,* dass, und das darf man wohl auch einmal bemerken, und wenn es von mir ist. *Gelächter.* Leider musste der Bau-

ernstand durch Mühen und Not, keiner weiß es besser als ich – *ein einzelnes Bravo* –, besser als ich –, so weit getragen werden, bis wir Gnade unserer eigenen Leistung – ich möchte dies einmal in aller Bescheidenheit anführen. Ein nicht unbeträchtlicher Anteil der von Ihnen hier sich versammelten Landbevölkerung hat doch trotz immer wieder angefeindeter Pamphlete – Sorgen ... *Der Trachtenanzug schnellt empor und applaudiert.* – Deshalb haben wir Siemens in Bayern, Messerschmitt, Bölkow, Blohm in Bayern. Bayern hat die Okkasion, ein Silicon Valley mit Venedig als Hafenstadt – wo die High-Technology eine Dimension hinter sich lässt von unerhörtem Ausmaß – *Bravos* –, eine Agrargesellschaft hinter sich lässt! *Das rurale Publikum rast.*
Ein Kleinkind mit Schweinswürstel in der Hand will ein Autogramm und wird unter Gelächter einiger Sommertrachtenanzüge abgewiesen.
Meine sehr verehrten Damen und Herren! Der Ober sticht den Unter und nicht der Unter den Ober! *Getrampel, Bravos und*

Gelächter. Oder will die Minorität uns den permanenten Karneval – oder wie wir sagen würden: Fasching – antragen? *Pfuis und Buhs*. In tiefster Religiosität stehe ich in der Verantwortung. – Wo bei geringstem Restrisiko keine Kontaminierung – das Uran bitte schön ist aus Südafrika, und der Russe besitzt die Sowjetunion. – Ich selbst war Atomminister unter Adenauer – das sage ich diesen Traumtänzern ins Gebetbuch – *Bravos, hört, hört* –, wo ich selbstverständlich jedwede Leukämie jederzeit zu verantworten bereit bin – *Applaus* –, aaaber eine, wohlgemerkt, anständige Leukämie ist immer noch besser als der Sozialismus. *Bravos, Getrampel, Hahas*. Ich selbst habe mir, aus kleinen Verhältnissen kommend, nolens volens – mehrfach – Röntgenbilder anfertigen lassen, aaaber, wie Sie selbst registrieren, überlasse ich es Ihnen, dass ich unter Ihnen weile. *Brüllendes Gelächter*.

Unerträglich aber erscheint mir das, was von den Kanzeln derzeit erschallt, wo der göttliche Auftrag heißt – auch Wackersdorf ein Teil – ein Partikel –, dieser göttlichen Schöpfung ist, und meine Damen und Herren, die Österreicher das Ausmaß der Witze, die man über sie macht, erst einmal erfüllen müssen. Seit wann versteht denn ein Österreicher was vom Atom? *Bravos, Hahas, vereinzeltes Getrampel.* Mir bleibt da in der mir wohlbekannten ureigensten Verantwortung nur zu sagen: Bischof bleib bei deinen Leisten! *Gelächter.*

Gehen Sie, meine Damen und Herren, ruhig nach Haus mit der Gewissheit, dass wir wer sind, wenn wir sind, und dass unsere als das eigene uns zielstrebig in die Zukunft führt. Minorität heißt Opposition, nicht Chaotentum oder Opposition oder Destruktion ohne Vision. Deshalb – ich weiß, Sie haben Durscht – *Bravos* –, und ich auch! *Getrampel, Applaus, stehende Ovationen.*

BLASKAPELLE Umtata rumpftat rumpf tumpf tata.

Der dünne Sommertrachtenanzug applaudiert emphatisch. Die ebensolche Stimme

pfeift über leere Bierkrüge und nicht aufge-
gessene Fischsemmeln.

TRACHTENANZUG Der Dank, der uns die niemals gedachte Überraschung – ER muss
heute noch mit Xing Hiau Ping reden,
und dann muss er noch nach Windhoek.
Bravo. Dass er selbst immerhin in der Zeit
– aber das gesamte Volumen der Probleme gibt uns die Hoffnung, dass Begriffe,
die er wieder auf den Wahrheitsgehalt geführt hat, ein Becquerel ist eine Verlogen-
heit, mit der man uns nicht an der Nase
herumführen kann! Liebe Landsleute,
gehts heim, und vergelt's Gott.
Dünner Applaus, das Bierzelt leert sich.

DIE ORDNUNGSKRAFT

Schwantaler blickt zurück.

Ja, was man in diesem Beruf braucht, das ist, äh, Menschenkenntnis, eh, praktische Psychologie und ein Auge für das Individuum, für Subjekte, für das Individuelle. Sie müssen sich vorstellen, mein Vater war ein Mann der ersten Stunde, mein Vater hat in der Weimarer Republik gearbeitet, unter Röhm, äh, Saalaufsicht, wurde auch lückenlos dann im Saalschutz beschäftigt, es war ein sauberes Arbeiten, und wenn mein Vater nicht in diese Massenturbulenzen reingekommen wäre, eh, und dadurch invalidisiert wurde, würde er auch heute noch mit Freude diesen Beruf ausfüllen. Sie müssen wissen, ich selber hab ja auch die physische und psychische Konstitution mitgebracht, habe mit Begeisterung diesen Beruf, das Handwerkliche und so weiter von meinem Vater gelernt, von der Pike auf, net.

Ich bin jetzt seit, äh, siebzehn Jahren da heraußen auf dem Oktoberfest tätig, und was ich, äh, von mir behaupten kann, das ist, ich besitze eben das Auge, äh, für gewisse soziologische Gruppierungen, man muss sofort merken, wer stört, net, man muss Fehlverhalten von Personen erkennen, net, also Leute, die zu laut prosten, singen, Jugendliche, die so einen Hang zum Krakeelen haben, net, sofort, äh, die Präsenz ist gefordert, net, an Ort und Stelle zu sein und sofort hinauszukatapultieren, net wahr. Ich will Ihnen einen Fall erzählen: Ein Kollege, er kommt aus einer Massenschlägerei heraus, er war etwas blutverschmiert, er war etwas lädiert, äh, er sagt, warum, wo schaust du denn immer hin? Ich sage, ich schaue da hinüber, links an diesem Tisch, mitten unter einem Gewühl von Leuten, wo es nur so gewogt hat, nicht wahr, vor Begeisterung, da saß ein Mann. Sie, der hat keinen Mucks gemacht, keinen Pfiff, gar nichts, net, der hat seine Umgebung förmlich ignoriert, net, ganz still war der Mann, net, hat net amal was getrunken, ich glaube nur ein Mineralwasser, net. Da sag ich zu meinem Kollegen, sag ich, ich gebe dem Mann noch fünf Minuten, ge', fünf Minuten kriegt der Mann, net, aber dann hab ich ihn. Und ich hab ihm noch fünf Minuten gegeben, und dann hab ich ihn aber auch in flagranti erwischt, net. Bis er geschaut hat, war er schon draußen. Ich hab ihn am Genick gepackt und rausbefördert, net. Mein Chef ist dann auch auf mich zu und hat gesagt, Schwantaler, großartig! Sie haben eine Menschenkenntnis, also, das ist großartig, weil das hätte kein Mensch da herin gemerkt, dass der Mann gestört hat.

DIE EINKEHR

Ein herrlicher Tag, Biergartenwetter, im Biergarten eines Ausfluglokals sitzt Klaus Dimpfl und dimpfelt vor sich hin. Ulf und Wibke Kassebohm und Tochter Nina kommen auf drei Fahrrädern angeradelt, halten und beginnen sich an Dimpfls Biergartentisch niederzulassen.

NINA Pabba, guck mal, hier is's Klasse.

WIBKE Ulf, sperr dein Fahrrad ordentlich ab.
   Stellt Picknickkorb auf den Tisch, nimmt Tischdecke. Ulf, bring bitte noch den Rettich aus der linken Satteltasche!

ULF Wibke, hast du die Brotzeittüchlein?

WIBKE Hach, ist das hier alles schmutzig. *Beginnt, den Tisch zu wischen.*

ULF *setzt sich* Tach.

DIMPFL Sie könnan Eahna ruhig hinsetzn, da is no frei.

ULF Sehr freundlich. *Will Brotzeit auspacken.*

WIBKE Halt, noch nicht, erst die Tischdecke ...

ULF *zu Dimpfl* Tja, ein Wetterchen ist das heute ...

DIMPFL Ja, schön is'.

ULF Wissen Se, bei uns hier in Bayern ist auf das Wetter selten Verlass.

DIMPFL Ah geh ...

WIBKE Wo ist denn die Rettichschneidemaschine?

ULF In der Kühltasche.

WIBKE Nina, hol mal eben die Rettichschneidemaschine aus der Kühltasche. Und bring gleich Spezi mit. – Ulf, reich mir mal eben die Pappbecher.

ULF Hier, da, Servietten ...

BEDIENUNG *kommt mit vollen Maßkrügen vorbei* So, wer kriegt da no was?

ULF Ja, hier! Geben Se mir mal 'ne Maß. Wibke, mein Geldbeutel ...

BEDIENUNG *stellt eine Maß ab* I kimm glei zum Kassiern.

ULF Zünftig is es hier, nicht wahr?

DIMPFL Jaja, sehr zünftig.

ULF Wir sind schon den ganzen Tag unterwegs. So 'n Wetter muss man ausnutzen.

DIMPFL Ja mei ...

ULF Wir warn auf'm Taubenberg. Ich weiß nicht, ob Ihnen das 'n Begriff ist. Is 'ne urige Gegend.

DIMPFL I hab fuchzehn Jahr da im Holz garbat, i kenn an ganz guat, an Taubenberg.

WIBKE Taubenberg is 'ne traumhafte Landschaft, das müssen Se sich unbedingt mal ansehn. – Ah, kennen Sie sich vielleicht aus hier mit dieser Rettichschneidemaschine? *Dimpfl begutachtet den Rettichschneider.*

ULF Die hat bei Warentest am besten abgeschnitten, 'n französisches Modell.

DIMPFL I woaß net, i schneid 'n oiwei mit'm Messer ...

WIBKE Wissen Sie, Rettich muss immer hauchdünn geschnitten werden, sonst verliert er sein Aroma. Nina, kein Kaugummi vor dem Essen.

DIMPFL *nimmt den Rettich, zieht Messer aus der Tasche, halbiert den Rettich* Schauma halt amal ...

WIBKE He! Was machen Sie?

ULF Lass mal ...

DIMPFL *schneidet eine Scheibe Rettich ab, beißt rein, spuckt aus* Den könna S' wegschmeißn, der is holzig. *Schmeißt einen halben Rettich weg.*

ULF Na, hören Sie mal ...

DIMPFL Der is holzig, glaub ma's. *Wirft die andere Rettichhälfte weg.*

WIBKE Unmöglich. Den Rettich habe ich bei Tellermeier gekauft. Biologisch-dynamisch gedüngt. Was erlauben Sie sich eigentlich ...

DIMPFL Ah geh, Schmarrn.

WIBKE Der Rettich hat eine Mark neunzig gekostet.

DIMPFL Vui z' teier, da hams eich bschissn ...

WIBKE *zieht Tischdecke mit Brotzeit einen halben Meter von Dimpfl weg* Nina, nimm dein Besteck! Ulf, komm ...

Ulf rückt ebenfalls von Dimpfl ab.

DIMPFL Was habts jetz es da für a Wurscht? *Beugt sich zum Aufschnitt, nimmt ein Wurstrad.*

WIBKE Lassen Sie gefälligst Ihre Finger von unserer Wurst! Wer sind Sie denn eigentlich?

DIMPFL I schreib mi Dimpfl. *Riecht an der Wurst, beißt rein.* Ja, i woaß net, wo habts 'n de her ...

WIBKE Das geht Sie zwar nichts an, aber das ist 'ne einwandfreie Göttinger, Handelsklasse 1a aus'm Supermarkt.

DIMPFL Ah geh, a Göttinger, jetza Moment ... *Nimmt neues Wurstrad.* Da geh her, Blacky ...

WIBKE Sie, Sie! Ulf, sag doch was!

DIMPFL So, Blacky, jetz probier amal ... *Wirft dem Hund das Wurstrad hin.*

ULF Also, was erlauben Sie sich?!

DIMPFL Stad sei! – Der Hund versteht was von ara Wurscht.

WIBKE Sie, Sie, also, Ulf! Tu doch was!

Alle sehen zu, wie Blacky das Wurstrad frisst.

DIMPFL Ja, des schmeckt eahm. Feines Wurschti, gell? *Greift flink nach neuem Wurstrad.*

ULF Hören Sie mal, das ist unsere Wurst!

DIMPFL Jaja, des woaß i scho. *Zum Hund* Die

Wurscht is von de Herrschaften, gell, da
... Eahm schmeckt's trotzdem.

WIBKE Kaufen Sie sich doch Ihre eigene Wurst!

DIMPFL Da geh her, Blacky ... *Füttert.* Jaja,
des is was Feines, feine Göttinger. *Nimmt
Ulfs Bier, setzt an.* Prost! *Setzt ab.* Heit is
zünftig, ha?

ULF He, Sie ...

WIBKE Ulf, das ist doch dein Bier.

ULF Los, pack zusammen, wir ziehen um.

DIMPFL Geh weida, kaaf da halt aa a Maß.
Trinkt noch mal lang und kräftig.

ULF He, Sie, Sie trinken an meinem Bier, guter Mann ...

DIMPFL *setzt ab, wischt sich den Schaum vom
Mund* Ha, guat is'. Geht doch nix über a
frische Maß Bier. – Soso, na wards es heut
scho am Taubenberg ... Da is schee, ha?

WIBKE Das geht Sie 'nen feuchten Kehricht
an. Nina, hol den Rettich, wir gehen an
'nen anderen Tisch. Ulf, hast du's?

ULF Wiedersehn!

*Die Kleinfamilie zieht empört ab, Ulf ver-
sucht noch, sein Bier zu retten, aber Dimpfl
hat den Krug schon wieder angesetzt.*

DIMPFL Jetz bleibts halt no da. I hab's eich doch gsagt, da is no ois frei … *Trinkt kräftig weiter.*

UNSER HEINZ!

Der Raubmörder hat mir in meinem Leben kein Glück nicht gebracht!« sagt der Heinz, und ich wäre blöd, wenn ich ihm widersprechen würde. Der Heinz erzählt die Geschichte vom Raubmörder auch nur deshalb wieder, weil er jetzt die achte Halbe zu sich nimmt, und das ist dann eben der Zeitpunkt, wo die Geschichte vom Raubmörder dran ist.

Die zufälligen Gäste, meist Touristen aus nördlichen Gefilden, erfahren dann, warum der Raubmörder dem Heinz kein Glück nicht gebracht hat. Die Geschichte ist für den Wirt sehr umsatzfördernd. Sie könnte in wenigen

Minuten erzählt sein – aber der Heinz nimmt sich, wenn er gut drauf ist, einen ganzen Nachmittag, um sie wirkungsvoll an den Mann zu bringen. Dabei macht er dramaturgische Pausen, damit die Bedienung die Frage: »Kriagnma no a Hoiwe?« anbringen kann.

Die Touristen werden Zeugen von Heinz' Leidenschaften und erleben in ihm den Vertreter einer alten Gefühlskultur, die auch in unseren Gauen nur noch selten vorkommt.

Der Heinz verdingt sich als »Hausl« bei einem »Protzn«, und weil er so loyal zu seinem Herrn steht, genießt er bei jenem hohen Respekt. Loyal sein heißt für den Heinz, Haus und Hof bedingungslos zu schützen, und schützen heißt, jedweden, der sich der lüftlbemalten Villa mit den toskanischen Arkaden und der Garage, getragen von korinthischen Säulen, nähert, zu vertreiben – wie erst neulich den Kinderarzt, der zum Nachbarn wollte.

Der Heinz fräste Schnee; er fräst ja sowieso mit großer Leidenschaft Schnee.

Der Protz, der Herr der Villa und der Besitzer vom Heinz, belohnte diesen mit einer

Schneefräse, so dass der Heinz im Winter immer und zu jedem Zeitpunkt den Eingang zur Villa frei halten kann. Denn der Protz weilt zwar mal dort und da, wie halt alle Protzen, schaut aber doch so alle zwei Jahre mal in seiner toskanisierten Villa vorbei, um zu sehen, ob alles gschleckt ist.

Kommt doch an einem Tag, wo der Heinz gerade Schnee fräst, ein Subjekt daher in Form eines Kinderarztes, um dem Nachbarskind die Diphtherie auszutreiben! Und was macht dieser Kinderarzt? Er parkt! Er parkt sein Auto justament da, wo der Heinz fräsen wollte. Schnee fräsen im Dienste seines Herrn.

Dem Heinz fiel alles an Vokabular ein, was geeignet ist, einen parkenden Kinderarzt zu vertreiben. Ich zitiere: »Du Dreckarsch, du bläda, du Himmikruzifix, du varreckta, du Loas, du owaberlte, du dafeide!!!« Dann stellte er noch die Fangfrage, Zitat: »Hams dir valleicht ins Hirn einegschissn?«

Diese Frage wollte der Mediziner nicht unmittelbar beantworten, sondern wandte sich brieflich an den Brotgeber und Schneefräsenmäzen vom Heinz mit der Bitte, er möge den Hausl domestizieren und zu einem zivileren Verhalten ermuntern.

Der Protz jedoch, stolz, so ein bayrisches Urvieh wie den Heinz als Hausl zu besitzen, antwortete dem Kinderarzt ebenfalls brieflich. Er verwies darauf, die Landessprache eines Hausls sei nun mal volkstümlich und stünde im Einklang mit der Natur und der Seele eines eben drastischen Volksschlages. Sei normale Konversation also.

Der Kinderarzt, ebenfalls des Bairischen mächtig, schickte dem Protzn nun ein Fax. Text: »Ja, du Depp, du gselchter, du Flaschl- putzer, du windiger, du Brunzkachl, du da- soachte, vaspiebme, du hast doch glatt an Schoaß im Hirn!«

Der Protz bemühte umgehend seine An- wälte. Gerichtliche Feststellung: Ein Kinder- arzt ist kein Bayer, daher auch nicht volks- tümlich und somit straffällig.

Dem Heinz kann es recht sein. Er ver- teidigt auch weiterhin die Villa seines nordi- schen Gebieters und die Heimat überhaupt. Denn er ist bei den Gebirgsschützen, und diese verteidigen ja immer die alten Werte wie auch die neue Lackfabrik am See. See-ufer und idyllisches Tal sind wie geschaffen dafür, schon von der Größenordnung her.

In den letzten 15 000 Jahren war es relativ ruhig am See. Zur Zeit der Römer war auch nicht viel los, nur im 17. Jahrhundert saus-ten ein paar evangelische, also schwedische, Marodeure herum – und sonst war nur der Heinz da, der war schon immer da. Und weil er das weiß, verteidigt er nicht nur die Lack-fabrik, sondern auch die Idee von derselben: »Auch die Natur muss sich an die Gegeben-heiten einer Heiteckgesellschaft anpassen, da kommt keiner drum herum!«

Der von Heinz persönlich gewählte Ge-meinderat stellt diese Devise auf, und ein Chor von »Jawoi« und »Genau« bestätigt die Richtig-keit dieser Wahrheit und die Wahrheit dieser Richtigkeit. Ein kurzes, sattes »Jawoi« – woi ist immer endbetont, genauso wie »genau« …

Ein Gemeinderat, im Privatberuf Partei-mitglied, meint: »A Luftkurort in einem In-dustriegebiet ist was Einzigartiges, des muaß uns erst amal jemand nachmachen!«

Das wirkt auch beim Heinz. Er ist noch ein Mensch, der einen Respekt hat vor einem Politiker, der wo den Nerv trifft, ohne zu nerven.

Wenn also der Heinz den Touristen in der Wirtschaft die Geschichte vom Raubmörder erzählt, welcher ihm kein Glück nicht gebracht hat, dann ist diese Geschichte eingerahmt von einer Musik, die für das Volk gemacht ist. Einer Musik, die weich über Resopaltische streicht und im Einklang mit dem Schmalzgeruch der Friteuse einen die Heimat schmecken lässt. Gerade wird im Bayerischen Rundfunk der neue Wiesnhit vorgestellt: »Auf dem Strom, dem riesengroßen Mississippi, da schwimmt ein winzigkleines Henderl Pipi!« Der BR ist um solche volkstümlichen Geräusche besonders bemüht. Er düngt unsere Heimat mit dieser akustischen Gülle und lässt auch nicht einen Kubikmeter Äther aus ...

Diese Musik animiert den Heinz, das Rhetorische droht auszutrocknen. »Oane no«, sagt er, »oane geht no, oane geht oiwei!«, meint er, und ich wäre blöd, wenn ich hier widersprechen würde. Mein Blick streift die Heimatzeitung auf der Wirtshausbank. Das schlagende Argument zum Thema Tempolimit bringt unser Kreisrat: »Bei uns gibt's hoid aa Leit, dene wo's pressiert!« – Eine Großaufnahme zeigt unseren Gemeinderat K. L. vor einem Stollen und fünf Brezen. Er spendiert den Stollen für die Ukraine, die Brezen gehen als erste Hilfsmaßnahmen nach Kasachstan. Hier ein Hinweis zum Thema Asyl: »Bewacht eure Garagen, Hundezwinger und Holzschupfen. Es ist mit Zwangseinweisung von Asylanten zu rechnen!«

Die Heimatzeitung hat den Satz vom Heinz, »Oane geht no«, schon öfters gedruckt. Er spricht Menschen mit großer Lebenserfahrung und tiefer Menschenkenntnis an. Der Mensch ist ein Behälter, in ihn geht etwas hinein.

Der Heinz hat die neunte Halbe fast geleert und fahrt gleich anschließend mit dem Auto nach Erding, wo er mit seinen Kameraden noch den Ehrensalut der Gebirgsschützen zur Eröffnung des neuen Flughafens abfeuern muss.

Dieser wird eingeweiht und ist damit Heimat. Die Vögel und sonstiges Geflügel sind beseitigt, das Grundwasser quadratkilometerweise weggegurgelt. Jetzt kann alles in die Luft gehen. Das Erdinger Moos ist trocken und kein Sumpf mehr. In den Flughafenboutiquen kann man alles kaufen, was man braucht. Auch eine original Bavarian familiy – Bavarian father, mother and child – aus Plastik, in Tracht, wie Schlümpfe.

Das Heimatgefühl grassiert vor allem in schwedischen Möbelhäusern und Altmünchner Bistros.

Dass es die Bayern gegeben hat, ist erwiesen. Kelten und Römer haben hier ihre Spuren hinterlassen, auch das Volk der Passagiere.

Der Heinz kann in Oktaven rülpsen. Ob er sich damit beruflich noch verbessern kann, wird die Zukunft zeigen. Jetzt trinkt er noch schnell einen Schnaps, dann geht's zum internationalen Wetttrinken zugunsten der Aktion Sorgenkind. Die Kreissparkasse sponsert. Schade, dass der Heinz die Geschichte vom Raubmörder jetzt nicht mehr zu Ende erzählt, da kommt nämlich auch noch der Sven vor, wie er bei der Desiree am Kammerfensterl ... Oder wie der Heinz einmal im Bayerischen Fernsehen ... Halt! Nein! Dort kommt er nicht vor, der Heinz, weil in echt wäre er ja ein Klischee.

DER WILLI

Klaus entdeckt seinen Spezl Willi in einem Lokal.

KLAUS Hargottsakrament, wen siehg i denn
　　　da? Da Willi, haha, der Willi. Ja, servus
　　　nachert, Willi, ja was is des, ha, ja bist es
　　　du?

WILLI Griaß di nachert.

KLAUS Ja, hahaha, ja, der Willi, ja, wos is, ja
　　　des gibt's ja gar net, ha, ja, Hargott, wo
　　　bist jetz du allweil gwesen? Seit vierzehn
　　　Dog hab i di scho gar nimmer gsehng.

WILLI Ja, wieso, i war allweil dahoam.

KLAUS Ja, haha, ja, der Willi, ja, Willi, ja, hahaha, ja, Willi, sag amal, ja, der Willi, i hab ma denkt, gehst amal rein, kaafst dir a halbe Bier, wen siehg i do, der Willi! Ha-hahaha! Der Willi sitzt da herin!

WILLI Ja, wieso soll jetz i nachert do net do herin sitzn, oder?

KLAUS Haha, der Willi, ja, du, was is, Willi, sag amal, was is, is da frei, na setz i mi glei her?

WILLI Naa, do is bsetzt.

DER RUHE-ERZWINGER

Ist da noch frei?« frage ich, hoffend, in der Gaststätte noch einen Platz zu ergattern.

»Freilich«, sagt der Mann am Tisch. »Setzen S' Eahna ruhig hin.«

Endlich, ich sitze. So, und jetzt die Speisenkarte. Da plötzlich – grrrummelgrr – ein tiefes Grollen unter dem Tisch – grrmmgrr – naff. Ich lasse erschrocken die Karte fallen.

»Der tut nichts«, sagt der Tischnachbar, »der ist heute nur etwas schlecht aufgelegt. Wenn Sie sich ruhig verhalten, dann macht er nichts. Bloß tun S' um Gottes willen nicht mit der Hand auf den Tisch schlagen – da erschrickt er. Er ist nämlich ein Rottweiler, und die Rottweiler sind halt einmal sehr sensibel.«

»Jaja«, sage ich. Trotz einer gewissen Beklemmung bestelle ich Würstel und ein Bier. Als ich mir prophylaktisch den Senfnapf hole, geht's los: Grrrummgrrmchnaahrrr. Ein bestialisches, animalisches Grollen. Unter mir sitzt einer, der frisst auch Menschen.

»Brav!« gebietet sein Herrchen. »Schön brav. Der Herr ist auch ein Gast – so wie du, hähä«, lacht der Dompteur. »Aber beherzigen Sie, was ich Ihnen sage: Keine Bewegung – möglichst.«

Leider kommt das Bestellte, die Würstel. Die Bedienung stellt sie etwas unsanft auf den Tisch. Grrmrrchchmrrwoouu. Jetzt kriege ich Angst. Unter dem Tisch rumort es. Hoffentlich beißt er nicht zu.

»Sie können schon essen«, sagt mein Visavis, »aber bitte achten Sie auf Ihr Besteck, das Klicken mag er nicht. So was mögen Rottweiler generell nicht so gern.«

»Okay«, sage ich. Ich schwitze. Vorsichtig, wie wenn man operiert, schneide ich die

Wurst und dosiere den Druck aufs Messer, damit nicht plötzlich ein Aufprall aufs Porzellan passiert.

Das Sauerkraut lässt sich geräuschlos mit der Gabel lupfen.

»Er ist eine Seele von einem Hund«, sagt sein Besitzer. »Er hasst die Nervosität beim Menschen.«

Ich trinke, aber dann muss ich das Glas abstellen, leider zu hart, obwohl der Bierdeckel dämpft. Grurrgrrrwuff. Ich schnaufe durch und halte den Atem an. Ich hätte gerne meinen Fuß bewegt, aber jetzt bin ich steif wie ein Zaunpfahl. Ich bewege mich nicht mehr.

Der Bestienbesitzer zündet sich gemütlich eine Zigarre an. »Und? Schmeckt's?« fragt er.

Ich nicke vorsichtig, um kein Geräusch zu machen. Ich müsste jetzt auf die Toilette, aber ich trau mich nicht, mich zu erheben.

Ich frage: »Sie, ich müsste einmal – Sie verstehen, aber – der Hund?«

»Ja, Sie haben recht«, sagt der Mann, »ich rauche noch meine Zigarre zu Ende, und dann gehen wir sowieso. So lang können S' doch noch durchhalten?«

Ich nicke eifrig.

»Hat's nicht geschmeckt?« fragt die Bedienung.

»Doch – aber zu viel«, sage ich gepresst, »und ich möchte gern zahlen.«

»Sechzehn Mark zwanzig macht's.«

»Achtzehn«, sage ich.

»Und zwei Mark zurück.« Peng – die zwei Mark rollen auf den Tisch. Wuffrgrrmichrrhrrwaff. Unter dem Tisch ein Inferno – fürchterlich, das Raubtier ist zum Äußersten gereizt.

»Pfui!« brüllt sein Meister. »Zurück – pfui!«

Die Bedienung ist auch zu Tode erschrocken, von unten tönt's: *Uwauwau!*

»Hätten S' halt zur Bedienung ›Es stimmt schon‹ gesagt, dann wäre das nicht passiert.«

Inzwischen bin ich aber so weit, mein linker Fuß ist weitgehend verheilt, und in vier Tagen kann ich wieder ohne Krücken gehen.

DER ORDENSTRÄGER

Arno Ameisgruber sitzt mit seinem Rassehund Harro von Riemerschmidt-Meiningen im Biergarten.

Na, schaugn S' her, des is ois. Karnevalsorden wider den tierischen Ernst. Hab ich bekommen, vorige Saison. Ich mein, freilich, im Alltag selbst bringt er wenig, aber es macht doch immer einiges her, wenn man einen aufzuweisen hat, an Orden. Von Rechts wegen hätt i ja scho lang an richtigen Orden verdient, weil, wenn der Schmitzberger schon oan kriagt hat, na müassad i eigentlich scho a ganze Schubladn voll habn. Aber was da heutzutag alles an Orden kriagt, da fragt ma sich. Des san zum Teil Leut, die s' vor vierzig Jahrn no vergast hätten, als Schädlinge, heut kriagns an Orden, so schaugt's aus. Aber dieser Schmitzberger, der hat sich sein Orden ja förmlich dersessen. Um dem seine Verdienste sans dann letzten Endes nimmer drumrum kemma. Dreißig Dienstjahre, Sie verstehen. Ohne an Orden waar eahna der gar nimmer in Pension ganga. Übrigens, ich hab den Orden von dem Schmitzberger, den hab ich persönlich begutachtet, und ich sag Ihnen ganz ehrlich, Legierung und Qualität – miserabel. A Eiserns Kreuz, des war wenigstens no aus Eisen, aber heutzutag – Leichtmetall, schlecht verchromt, grad dass s' koan Plastik nehmen. Dazu kimmt, de Räume mit Zentralheizung, de machan de kaputt, und auch wenn's regnet, feuchte Witterung, man kann ihn praktisch kaum mehr anlegen. Der Schmitzberger hat den seinen natürlich glei optimal konserviert mit diesem Mumifizon oder so. Vorher hat er ihn noch fotografieren lassen. Wenn er 'n herzoagt, dann nur noch auf dem Foto. Der Schmitzberger packt 'n glei gar nimmer aus. In der Familie ham mir natürlich schon auch welche daheim. Nahkampfspange, Eisernes Kreuz, alles da, aber mit de Kriegsorden geht im Moment natürlich sehr wenig. Mir ham halt im Augenblick koan direkten Krieg quasi. Aber a harte Geschäftswelt hamma scho. Also so was wie eine Nahkampfspange für Gschäftsleut müassad's eigentlich durchaus auch geben. Aber dass s' mi heuer aa scho wieder auslassen ham, des versteh i net, weil i waar ja ursprünglich scho vor zwei Jahr fällig gwesn – verdienstmäßig. Andererseits, an jedem kann man 'n aa net geben, des waar ja wie bei der Inflation. – Oamal bin i ja scho knapp an der Lebensrettungsmedaille vorbeiganga. Der Lebensmüde hupft nei, November, wohlgemerkt, denk i mir, holst ihn außi. Aber wia i mei Sakko auszogn hab, war keine Seele weit und breit, wo auf mei Brieftaschn hätt aufpassn können. I hab über hundertvierzg Mark dabeighabt, gell. Bin i in d' Wirtschaft nei und hab am Wirt mei Sakko angeboten zum Aufpassen. Wie i nachert kemma bin, war er scho dasuffn aa. Nix mehr z' macha.

Des is unheimlich rasant ganga. – O mei, a Viech müassad ma sei. – Da, mein Hund, der Harro von Riemerschmidt-Meiningen – ja, brav, Harro, ja wo is er denn? –, ein Rassehund durch vier Generationen. Des kann i beweisen, i hab an Ahnenpass dahoam. Unser Harro, der is heuer World-Champion wordn auf der internationalen Hundeschau. Mir samma scho Hundling, gell Harro? – Wenn i eahm net so gut gfüttert hätt, hätt er's nie erreicht. Er hat ja immer nur 's Beste kriagt, mir ham uns unsern Orden scho verdient, gell, Harro? Ja, brav! Ich mein, letztlich bin ich ja für den Orden von meim Hund zuständig. Ein World-Champion, da werd si der Schmitzberger mit seinem Bierdackl schwerdoa. Da, schaun S' her, den ham mir bekommen. *Er hängt sich Harros Orden um.*

KLEINE HEIMATKUNDE

Die Heimat ist vorrangig ein Zuordnungs-gefühl. Ein Beispiel: Der Mandi spricht nicht Chinesisch. Also, im Chinesischen ist er nicht daheim. Wer aber eine Heimat »ge-funden hat«, gibt sie nur unter Druck und äußeren oder inneren Zwängen wieder auf. Ein paar Beispiele: Bei Auswanderern treffen meistens beide Gründe zu. Die Hugenotten entheimateten sich aus religiösen Gründen, der Indianer dagegen, mein Gott, der India-ner, der war halt mehr im Wege. Die Schlesi-er, die sind ja jetzt bei uns daheim. Wissen Sie, so Kriege bringen immer Heimatver-schiebungen mit sich. Also, der Einheimische wird aufgrund zunehmender Katastrophen oder Kriege immer seltener, aber auch Neuheimaten werden gegründet wie jetzt der Alpenraum. Der Alpenraum, früher Heimat der Dinarier, der Kelten, der Römer, der Helvetier, der Alemannen, der Bajuwaren: jetzt die Heimat teutonischer Zahnärzte sowie von deren Steuerberatern und Rechtsbeiständen – aus der norddeutschen Tiefebene. Mobilität – als Heimatgefühl. Immer mehr Menschen, die diesen Trend erkennen, wollen ihre gemietete Heimat in ein Eigenheim umwandeln, deshalb ist der seelische Ausdruck modernen Heimatgefühls der Bausparvertrag.

Eine Heimatvision zum Beispiel ist: 531 Quadratmeter in Lochham. Großprojekte – das sind Mülldeponien, Großflughäfen, Kernkraftwerke, Autobahnen, Teststrecken für Autofirmen – genießen außer Steuervergünstigungen eine absolute heimatliche Priorität. Wer nicht flexibel reagiert, stirbt aus. So der Steinadler. Im Alpenraum ist er beheimatet, aber ausgestorben. Wo Heimat aufgehört hat, Heimat zu sein, entsteht das

Heimatmuseum oder das Reservat. Ergo: Die wichtigste Grundlage eines neuen Heimatgefühls ist die Mobilität, pars pro toto: der »Hamburger«, nicht zu verwechseln mit dem orthographisch gleichen Hamburger. Der Hamburger wohnt ja noch in Hamburg. Der »Hamburger« hingegen ist auf der ganzen Welt beheimatet, er ist faktisch ein »Weltburger«. Mahlzeit.

Apropos – die Heimat der Salmonellen ist nicht ausschließlich der Kartoffelsalat.

BERUFSBAYERN

Ein modernes Büro, auf der Türe ein Fir-
menschild: »Inter Bavaria GmbH & Co.
KG«. Daneben ein Poster mit bayerischer
Landschaft und der Aufschrift: »Grüß Gott,
auf geht's – Bayern grüßt Berlin«. Am Schreibtisch thront in einem modernen, aber trotzdem
bequemen Sessel die Chefin. Ein Bayernlehr-
ling sitzt seitlich am Schreibtisch in Tracht,
mit Diktiergeräthörer im Ohr, und schreibt
Zahlen und Listen. Am Garderobenständer
hängt ein Gamsbart und ein Hakelstecken.
Herr Kratochwil steht wie ein begossener Pudel
vor dem Schreibtisch.

CHEFIN Urisch sollen Se sein, dat steht so in Ihrem Vertrach, ne, dat is, wat wir wollen, als Urvieh sollen Se auftreten.

KRATOCHWIL Schefin, i pack's ja nimma. Beim Watschendanz hod mia da Herr Pampel scho zum drittenmoi mei Krone nausghaut. Da geht a ganzer Wochenverdienst drauf.

CHEFIN Dat hätten Se sisch man vorher überlejen müssen, Herr Kratochwil, sehn Se mal in Ihre Vertrach, ne, dat is alles ausjemacht, ham Se selbst unterschrieben. Übrijens, bei jedem Auftritt haben Se zwei Maß Bier zu trinken, nit nur dran nippen!

KRATOCHWIL Schefin, i derf's ja nimma, mei Leber ...

CHEFIN Und Sie wollen 'n Urvieh machen? Dat is ja jämmerlisch, dat nimmt uns doch dat Publikum nit ab, dat Sie en Urvieh sind.

KRATOCHWIL Schefin, i ...

CHEFIN Sehen Se sisch de Herr Pampel an, der macht dat rischtisch, der schluckt dat fröhlisch runter. Dat sehen Se dem auch nach der fünften Vorstellung noch nit an, dat der zehn Maß Bier jetrunken hat.

KRATOCHWIL ... und fünf Obatzte gessen hod, i konn an scho nimma sehng, na muass i's scho schpeibm.

CHEFIN Wat Se privat essen, dat jeht misch nix an, aber Sie sind hier im Angasche-mang als Urbayer anjestellt, und da wird naturjetreu jejessen auf der Bühne.

KRATOCHWIL Schefin, aba jedsmoi Leberkas, und dann no an Schweinshaxn, fünfmal am Tag, Schefin, i pack's nimma.

CHEFIN Frohsinn sollen Se verbreiten, da-für zahlt de Kundschaft. Stehen Se nit so miesepetrisch herum. Beim Plattln, wat denken Se sisch eijentlisch dabei, so un-männlich rumzuhüppen?

KRATOCHWIL Schefin, des Geplattle, i ko nim-ma, i war beim Orthopäden, der hat gsagt, i hab an Bandscheibenschadn, Schefin, es geht nimma. Ko i net an Förster spuin – wenigstens a Zeitlang?

CHEFIN Kommt nit in Frage, Herr Mehlhase spielt den Förster.

KRATOCHWIL Schefin, i hab no acht Tag Urlaub, do kunnt i nach Mallorca fahre, zum Auskurieren – gangad des jetz? I ko ja nimma!

CHEFIN Dat jeht doch nit. Jetzt in de Bayrischen Woche! Wie stellen Se sisch dat vor?

KRATOCHWIL Schefin, ko i wenigstens a paar Tag mit 'm Radi und mit 'm Kas aussetzn, weil mir is allweil so schlecht!

CHEFIN Herr Kratochwil, wenn et nit jeht, dann müssen wir uns leider trennen. Herrn Rösel kann isch, so wie er is, morjen schon auf de Bühne schicken.

Ein Liliputaner kommt zur Tür herein, in Tracht, mit einer langen Feder am Hut, legt eine Tasche auf den Schreibtisch.

LILIPUTANER That's the money from yesterday. Goodbye, servus. *Verschwindet wieder.*

CHEFIN Also jut, Herr Kratochwil, man is kein Unmensch, lassen Se de Keese un de Rettisch weg, dafür machen Se dann ... *Überlegt.* Wie viele Duliöh ham Se im Vertrag?

LEHRLING Fünfzehn Duliöh und neun »Auf geht's«.

CHEFIN Jut. Verdoppeln wir de Duliöh, dann können Se sisch de Rettisch und de Kees schenken.

KRATOCHWIL Wenn's sei muass ...

CHEFIN Aber de Schweinshaxe wird jefälligst ganz aufjejessen, samt de Knödel. 'ne Urvieh, dat nit aufisst, dat jib et nit.

KRATOCHWIL I hab ja so a Gastritis, Schefin, was huift ma da Kamillentee in da Pause, wenn i hernoch wieda a Haxn fressn muass.

CHEFIN Dat interessiert misch nit. *Urisch* sollen Se wirken. Machen Se dat Duliöh mehr herzerfrischend, dat muss von innen heraus ... so rischtisch ... Zeigen Se mal Ihre Urschrei.

KRATOCHWIL Jetzad glei?

CHEFIN Dat Publikum hat sisch neulisch beschwert, dat muss isch sehen, woran dat liescht, also, machen Se mal!

KRATOCHWIL UijäUjäUijäh ...

CHEFIN Dat soll 'ne Urschrei sein?! Mehr volle Pulle. Machen Se!

KRATOCHWIL Järiduliöduliäh!

CHEFIN Na ja, 'n bisschen kümmerlisch is dat immer noch.

KRATOCHWIL Schefin, i ko's nimma. I hab's mit de Stimmbandln.

CHEFIN Ausreden! Sie sind 'ne Drückeberjer, Herr Kratochwil, also isch weiß nit, Ihr Kollege Pampel, dat is 'ne janz andere Form von Mitarbeiter, der hat de rischtije Einstellung zum Beruf. Der vermittelt dat Oberbayrische so rischtisch herzhaft, so escht und naturjetreu, frohsinnisch, eben alpin, ne.

KRATOCHWIL Ja mei ...

Herr Pampel erscheint in Lederhose und Jeansjacke, hängt seinen Trachtenhut samt blonder Frisur an den Garderobenständer.

PAMPEL *sächsisch* Nu, Chäfin, ich gomm glaich wiedar, nich wohr, ich höb sö 'n paar Klai-nichkaidn zu erlädign, nich wohr, viellaicht ess ich noch 'n Hamburger, nä, zum Auf-dritt bin ich dann rechtzaidig wiedr da, nich wohr, also dann, bis spädr.

CHEFIN Is jut, Herr Pampel.

PAMPEL Öh, Chäfin, das Zimmralbhorn höb ich bestellt.

CHEFIN Fabelhaft. Dat klappt ja alles präsch-tisch, Herr Pampel, machen Se et jut.

PAMPEL Servus.

KRATOCHWIL Tschau.

Herr Pampel verschwindet eilig.

CHEFIN Sehn Se, Ihr Kolleje, dat nenn isch vorbildlisch.

KRATOCHWIL I bin ja scho vui länga in dem Beruf. Sie wern sehng, oan, zwoa Joahr, na hat's 'n aa dawischt. Des dapackt koana.

CHEFIN Is jut, Sie können jehn. Machen Se jute Laune, und merken Se sisch dat: Dat Publikum wünscht 'n fröhlisches Urvieh.

KRATOCHWIL I woaß scho, Schefin, jetzt schaungma hoit amal ...

CHEFIN Kopp hoch, Herr Kratochwil, dat wird schon.

Kratochwil verkrümelt sich.

Zum Lehrling Dekadenter Kerl. Dat is doch 'ne Ruine von 'nem Mensch, der jehört ins Hospital ... Machen Sie mal en Urschrei, Herr Rösel.

Der Lehrling nickt devot und setzt zum Urschrei an.

ÖHA – AHA

ha, so ist es also, haha, jaja, oder, besser gesagt: Öha. Nicht wahr, weil wenn ich, weil, es is ja doch, im Grunde is es ja gar nicht so erstaunlich. Zum Beispiel, ich gehe auf der Straße und dann überrumple ich ein Kind, also, ich stolpere über ein Kind, das Kind fällt hin, und dann sag ich ja auch nicht »Aha«, sondern dann sag ich: »Öha!« Weil es is ja ganz logisch. Weil das Kind, sozusagen, ah, das was passiert is, darüber wundere ich mich, im »Öha« liegt also doch mehr das Erstaunen, die Verwunderung darüber, was jetzt passiert ist, während, wenn ich sage: »Aha, ah, so ist das«, dann meine ich ja doch

wahrscheinlich mehr sozusagen eine Art von
»Heureka«, eine tiefe Erkenntnis, die herein-
blitzt. Nicht, das »Öha« ist mehr ein körperli-
ches Erstaunen, also ein schwerfällig... Ich
sage: »Öha«, und dann ist es schon passiert,
nicht, wobei der Weg, bis ich's erkannt habe,
also der Weg, die Distanz vom »Öha« zum
»Aha« kann beträchtlich sein, verstehen Sie?
Es kann also doch seine Zeit andauern,
bis man wirklich von einem tiefen, bedau-
erlichen oder von einem bedauernswerten
»Öha« zu »Aha« kommt. »Öha« – »Ahaa«, ja,
das sind natürlich schon zwei Paar Stiefel,
ich meine, es gibt sicherlich Leute, die sagen
dann und wann: »Aha, ah, so ist das!« Ja, aber
wenn sie sagen: »Ahaa, so ist das!«, hätten sie
besser doch gesagt: »Öha. Da schau her«,
oder vielmehr: »Da schau einer an, öhaha«.
Verstehen Sie, wenn einer sagt: »Aha«, dann
heißt das, jetzt weiß er das auch, während jemand, der sagt: »Öha«, nicht wahr, der gibt
damit kund, dass er vorher überhaupt keine
Ahnung gehabt hat, und das entspricht wahrscheinlich viel mehr der Wahrhaftigkeit.

DIE IDYLLE

Ja, herrlich ist es hier heraußen. Eine Idylle, diese Natur. Äh, die Natur, ja. Ich muss schon sagen, also, wir sind so gerne da heraußen, gell. Ma hat a Bewegung, ma tut was für seinen Körper, und mir ham auch eigene Anpflanzungen, also Agrarprodukte quasi. Und ich mein, auch die Kinder, die ham auch an Auslauf, gell. Ja, des is ja, gehst da weg von den Rosen, malefiz noch mal! Heinz-Rüdiger gehst net gleich weg da, is doch gefährlich! Sonst geht's dir noch wie dem Herrn Wondrazil. Ah, der Herr Wondrazil, des war unser Heimgartenpräsident. Der hat an Radi selbst gezüchtet, und, ich weiß auch net, er ist daran gestorben. Die Leute da vom Gesundheitsamt, die warn da und haben gesagt, dass der Radi durchaus einen Mittelwert hat, also, was die Vergiftung anbelangt, net. Also, dass dieser statistische Wert für zugelassenes Gift nicht überschritten wär. Also, ich weiß auch net, aber jedenfalls, also, er hat's nicht überlebt. Ich mein, des is klar. Äh, jetzt wo dieses Dingsda, dieses neue Chemiewerk, das ist also, ma riecht ja an und für sich überhaupt nichts, gell, fast. Also überhaupt nichts, nur bei Nordwind, also, allerhöchstens einmal bei Nordwind, net. Ich mein, äh, ja, natürlich, des sind Pflanzengifte, net, aber dafür ham wir auch keine Schädlinge mehr. An Engerling, den gibt's ja bei uns überhaupt nicht mehr, net. Einen Engerling sehen Sie bei uns nicht, net, die ham ja schließlich Milliarden investiert, net. Mei, freilich, also des Wachstum, des geht a bisserl zurück. Aber Vor- und Nachteile, des hebt sich natürlich alleweil a bisserl auf, net. O ja, o mei Gott, mit den Zwetschgen, des is natürlich so eine Sache jetzt, ich weiß auch net, also, was des jetzt werden soll. Jetzt hams doch drüben dieses neue Betonwerk geplant, äh. Des ist also, für die Zwetschgen is des nicht ideal. Aber mir planen dann halt was anderes, net. Mir pflanzen halt a neue Pflanze ein. Also, sagen mir halt mal was Widerstandsfähigeres, gell, aber, also ich mein, also sonst, es is scho herrlich hier heraußen. Diese Ruhe, gell, diese Natur, net. Freilich, also, unter der Woche also, da wär's noch stader, gell, da wär's ja noch viel, viel ruhiger, net, aber ich mein, wir müssen halt auch unseren Zeitplan einhalten. Wir kommen halt auch bloß am Wochenende, net, am Wochenende, ja, da is des natürlich, das muss man sagen, a bisserl belebter, schon. Aber ansonsten, also mir samma begeisterte Gartler. Ja was is denn, ja was seh ich denn da, ja um Gottes willen. Amalie, Amalie, des is ja die Höhe, die ganzen Gurken sind angefressen. Also nein, diese Nager, des is ja ausgeschamt, ja wo hamma denn die Gasbomben. Amalie, ich hab doch die Gasbomben extra mitgenommen in der Stadt. Ja, ich glaub, ich muss in die Stadt zurückfahren, also, die ganzen Gurken. Ja, also, nein, nein, nein, also wirklich, alles zerfressen diese Mäuse, was die in dieser Form da für an Schaden anrichten, wenn man des ...

Ja, wer macht denn da so einen Radau? Sie, hören S' auf! Musik, das geht fei net. Singen und Lärmen ist doch nicht gestattet. Ja, für was ham denn mir a Heimgartenordnung? Des geht doch nicht. Ja, wo komm mir denn da hin? Des is doch a Rüpelei. Dass do einer anfängt zum Singen und zum Krakeelen. Weil, also, wissen Sie, was mir hier wollen, des is Ruhe. Ruhe, net. Ruhe, des is 's – a Ruh.

DER REVOLUTIONÄR

ass du da nimmer magst, versteht man. Wohinst schaugst. I hab des gsehn mit dem Veltlin, des kost a Manna, dass dir der Ding obabröselt, verstehst, der ganz Bergwald, der rattert oba wie ein Rollo, des is a Wahnsinn. Auf d' Rotwand hams a Straß auffi baut, verstehst, danach hams des alles asphaltiert, an Bergweg auffi, und dann hams ihn grün angstrichen, weil s' gsagt ham, wegen am Umweltschutz. Nein? Total, total gspinnert, nein? Wenn ma des alles anschaut, da wirst direkt verrückt. In d' Amper derfst nimmer einehupfen, die Amöven und des Zeig, ja Kruzinesen, nein? Ja, was is 'n des?

Des Grundwasser in dem Dorf, nicht weit von da, kannst nimmer saufen, weil s' das Wasser vom chemischen Wert bringen müssen, net? Und Ding, vorn ... an ... da den Großflughafen tuns dahin, achtzehn Kilometer, Quadratkilometer, tuns zuplomben, alles zubetonieren und asphaltieren, da möchte ma sagen, was man liebt, die Heimat, was man liebt, des asphaltiert man doch nicht ständig, nein? München, hams gsagt, da müssens an ersten Stock machen, net, weil's nimmer langt, von der Fläche her, net? Dann bauns an Keller aa no. Dann kannst mit'm Lift München eins, München zwoa oder München dritten Stock auffifahrn, wenn des so weitergeht. Und a Autobahn nach der andern, de Ding kommt, die Autobahn Altötting, die Wallfahrerautobahn, net, nach Oideting-Braunau? Dann kommt eine ... dann die ander nach Deggendorf ... Venedig, hams gsagt, soll der Hafen von München werdn, weil Hamburg hat Cuxhaven, hams gsagt, net wahr. Na kommt die Autobahn Landshut-Regensburg-Rosenheim, ja des wird ja alles total los-angelesiert, net! Kernkraftwerk, da sagn die Amerikaner, sei »mushroom up«, die kommen wie die Schwammerl hervor, net? Ja, unser schönes Oberland, des wird bald, wenn ma des so sieht, wenn ma sich des oschaugt, des wird ja praktisch ein neues Ruhrgebiet, ja, da muss sich doch amal was ändern! A Ozonloch hams, net, die ganz Atmosphäre is wie ein Emmentaler, net? Ja Sakrament, da muss doch amal was passieren?! Des gibt's ja gar net! Und zwar revolutionär! Da ghört direkt a Revolution her! Und des is der Grund – und drum wähl ich auch diesmal CSU.

MPF

Es ist bekannt, dass kaum irgendwer in unserem Land vom einfachen Volk mehr versteht als die weniger vom flüchtigen Geist als vom derben Loden durchwebte Partei. Haben durch die Geschichte des Abendlandes verschiedene Parolen Vorbilder abgegeben, Prinzipien, die die Ethik und Moral gekennzeichnet haben wie das berühmte SPQR den Römer oder das Liberté, Égalité, Fraternité den Franzosen – so hat sich der Teil der Menschheit in Bayern, der sich mit der Partei identisch fühlt, dem »Mpf« verschrieben. »Mpf« ist weder eine Abkürzung, noch steht »Mpf« für irgendeine Parole, deren

Inhalt Auskunft über Leitbilder im Leben gibt. »Mpf« ist lautmalerisch – einfach ein Klang, ein Geräusch, und dieses »Mpf« übt eine unglaubliche Faszination auf die obersten Lodenträger der Partei aus. Ich meine, diese Faszination ist ein Reflex, wie zum Beispiel eine Wespe unmittelbar auf die Nähe eines Zwetschgendatschi reagiert, so wie die Anwesenheit eines Wurstzipfels einen Hund in Erregung bringt, so begeistert ist unser derzeitiger oberster Jodellodenträger von einem kehlig ausgerülpsten »Mpf«. Dieses »Mpf« ertönt mannigfaltig. Es ist ein Akkord, der durch die geistig-seelische Befindlichkeit der Partei und ihres Volkes durchmpft.

Der Defiliermarsch beginnt mit mpftatara und das löst auch jedes Mal ein großes Entzücken aus. Dieses »Mpf« schmeckt nach Heimat. Falls irgendein dubioser »Mpf«-Verweigerer versucht, das großartige »Mpf« mit Trillerpfeifen oder mit mpf-fremden Geräuschen zu stören, so empfindet man dies als eine Vermpfung, und man steckt den Übeltäter in den Weißwurstkessel, dass ihm Hören und Sehen vergeht. Der bleichgesichtige,

81

hohlwangige, asketische Innenminister, der die Lodenprätorianer befehligt, gilt auf Grund seines »Äh-mpf, äh-mpf« als Chefideologe und Intellektueller der großem Mpf-Partei. Der Mpf-Präsident des Freistaates Bayern versucht verzweifelt, sein »Mpf« im Stile seines großen Vorgängers zu mpfn. Aber wegen seiner Fistelstimme und seiner Schmalbrüstigkeit entfährt nur ein windiges »Ffhd« aus seinem Trachtenanzug.

»Mpf« steht für bayrische Weltoffenheit – liberalitas Bavariae, Gemütlichkeit, Gastfreundschaft, also tiefste Herzlichkeit, wie ja beim Weltgipfel der gesamten Weltöffentlichkeit bewiesen wurde.

Der Bayerische Ministerpräsident hat mit seinem »Ffhd« ein Signal gegeben. Bayern ist »mpf«, Bayern bleibt »mpf« oder, differenzierter ausgedrückt: »Äh-mpf«.

DER KONSERVATOR

Sie, ich sag das Ganze natürlich nicht zuletzt, also privat, aber es geht mir nicht aus dem Sinn, weil man könnt ja sagen, weil ich quasi beruflich schon eine gewisse Affinität dazu habe ... Ich bin ja im Denkmalpflegerischen tätig, und das ist eine schöne Aufgabe, im bayrischen Denkmalschutz, nicht wahr. Aber ich sag das trotzdem privat, weil ich der Meinung bin, und das kann man durchaus so sehn:

Wir sind in Bayern als abendländischer Kulturstaat kulturell betrachtet ein Gigant. Sicher, wir sind als solcher natürlich auch von anderen Abendländern umzingelt. Das macht die Sache nicht einfacher. Aber, auf der anderen Seite sind wir in Bayern doch immerhin – wie soll ich sagen? – angehalten, für unser Renommee und natürlich auch für diese enormen Kulturschätze einzustehen. Dass wir all das, was wir im Lauf der Jahrhunderte hier angehäuft haben, dass wir das bewahren, aufheben, für spätere Generationen konservieren, verstehen Sie. Daher auch der Ausdruck »konservativ«. Dass wir eben diese abendländischen Schätze auch würdigen, das kostet natürlich Geld. Machen wir uns nichts vor. Und wir in Bayern geben ja immerhin noch Gelder aus. Das Ausland fragt sich sowieso schon, was wir uns alles leisten. Wir leisten uns ja tatsächlich noch Sachen, wo man sich fragt: »Ja, können wir uns das überhaupt noch leisten?« Aber wir leisten es uns eben. Ich frag mich auch: Muss man eine Galerie der Moderne haben? Gut, man hat sie. Nein, es ist ja immer eine Frage des … Der eine ist das Subjekt, der andere ist mehr subjektiv, und ganz ein anderer ist objektiv irgendwie nur noch Objekt. Wie's halt so ist im Leben.

Aber wir geben wirklich Geld aus, erstaunlich! Wir leisten uns in Bayern immer noch eine Opposition. Moment! Wie heißt das Gesetz? Genau: Angebot und Nachfrage. Das Angebot dazu wäre ja da. Aber, wie gesagt, natürlich mein ich auch die kulturellen Investitionen. Ich weiß, derzeit sprechen viele Menschen von einer Erosion, kulturell betrachtet, vom apokalyptischen Untergang dieses Abendlandes. Aber der ist ja nicht nur einmal prophezeit worden. Denn es gibt immer noch Leute, die sagen: »Ja, wir kämpfen!« Aber gegen wen? Für was? Gegen Windmühlen? Das ist dann schon a bisserl hysterisch. Windmühlen? Das ist nicht das Problem bei uns in Bayern. Wir haben ein anderes Problem.

Darf ich's auf den Punkt bringen? Unser Problem heute in Bayern, das sind die Menschen. Ganz eindeutig – wir haben es heute in Bayern mit Menschen zu tun, wo man sich fragt: »Ja gibt es denn das, dass es die gibt?« Die hat's doch früher nicht gegeben. Jedenfalls nicht in Bayern. Wir haben es doch selbst lernen müssen in Geschichte, oder? Wir haben doch auswendig gelernt, dass diese Vandalen in der Völkerwanderung untergegangen sind. Aber diese Geschichtsinterpretation ist renovierungsbedürftig! Diese Vandalen haben heute ein Comeback! Mich würde nur interessieren, wo die in der Zwischenzeit waren.

Schauen Sie, ich sag Ihnen ein Beispiel aus meiner beruflichen Erfahrung. Was man da heute erleben muss! Schlechter gesagt, man ist förmlich dazu gezwungen, es zu erleben. Wir hatten ein Angebot einer japanischen Autofirma, ich glaube Mitsubishi, aber ich möchte mich nicht festlegen. Sie wollen im Nymphenburger Schloss – Nymphenburger Schloss! Welterbe der Kultur! –, wollen sie ihr Vehikel aufstellen, und ob das möglich ist. Und da haben wir vom Freistaat gesagt: »Ja sicher, warum nicht, wenn sie gescheit zahlen«, und die zahlen ja bekanntterweise gescheit, »dann sollen sie halt ihr Vehikel hinstellen!«

Jetzt passen Sie auf! Während dieses Prozederes, während die, die suchen halt immer ein schönes Ambiente, offensichtlich haben sie selber daheim keins, ich weiß es nicht, jedenfalls, während dieser ganzen Prozedur da – und ich hatte ja die Surveillanz über dieses Projekt – beschleicht mich aus irgendeinem Grund ein Gefühl, ich kann es nicht näher beschreiben, Sie kennen das sicher, so amorph, eine innere Inquietanz. Ich geh ins Schloss hinein, in die Galerie, wo die berühmten Schönheiten hängen, und was seh ich? Ich denk, ich seh nicht recht. Seh ich, wie ein Subjekt – anders kann man's nicht nennen – dabei ist, einen Kaugummi ins Antlitz vom König Ludwig zu pappen! Ich bin sofort auf den Kerl los: »Ja, sagn S' amal, was erlauben Sie sich denn, Sie Hooligan. Ja, wo san …? Ja, das ist ja das Letzte, was Sie da bieten!« Sagt der Kerl, also er äußert sich, eigentlich tät's ihm ja selber leid, aber der Kaugummi, der hätte aromatisch nichts mehr hergegeben, sagt er, und er wollte Raum schaffen für einen neuen. Mit solchen Leuten haben wir's heut zu tun! Aber nicht dass Sie meinen, ich übertreibe jetzt. Oder Sie sagen, das ist ein singulärer Exzess. Nein, keineswegs! Das geht permanent so. Stakkatoartig.

Im Cuvilliés-Theater, das Münchner Cuvilliés-Theater, ein Rokoko-Juwel ersten
Ranges! Rokoko! Nicht Barock, Rokoko! Jetzt
passen Sie auf: Ebenfalls eine Offerte einer
japanischen Autofirma, weiß nicht, Mitsubishi, irgend so was halt. Manchmal hab ich
das Gefühl, die heißen alle so. Sie fragen an,
ob es möglich wäre, in diesem Cuvilliés-Theater – wieder Welterbe der Kultur natürlich!
Ein Rokoko-Juwel! –, ob sie da drin eine Benzinpumpe ausstellen können. Die vom Freistaat sagen: »Ja, warum nicht, wenn die gut
zahlen!« Und die zahlen gut! Dann haben wir
gesagt, ja gut, ein Rokoko-Theater ist ja ein
schöner Rahmen für eine Benzinpumpe,
ohne Zweifel. Und auch hier wieder! Während dieser sogenannten Vernissage bemerken wir – aber mit dem letzten Hemd, mit
dem letzten Pfiff! –, merken wir, wie oben in
der Loge, in der Königsloge, wo weiland seine Majestät – später natürlich auch Mozart,
oder Franz Josef Strauß, nicht wahr –, wie da
oben in dieser Königsloge ein Kretin dabei
ist, herumzuurinieren. Moment! Das war
nur das Präludium! Der Kerl wollte gerade

zur Totalentleerung schreiten, aber bevor er sämtliche Schleusen öffnen konnte, haben wir doch noch einen Stöpsel hineingehaut. Wir haben die Polizei geholt, aber jetzt passen Sie auf! Zur Rede gestellt, gell, was er sich erlaubt, der Vandale, wird er frech! Er sagt, er sei Schauspieler. Er übe gerade einen Shakespeare unter der Regie eines gewissen Schlingensief ein, da gehöre der Stuhlgang zum Konzept. Was sagen jetzt Sie? Das sind Evidenzerlebnisse! Da versteht man schon, wenn es heißt: Abendland, ade! Oder nicht? Weit haben wir's gebracht!

Gehen Sie doch nur einmal in eine Fußgängerzone. Abgesehen von diesen Dämpfen, was diese Leute da drin heute fressen! Freiwillig! Dieses Fastfood! Was die Leute da in sich reinstopfen! Ohne Besteck! Das braucht man heute nicht mehr, auch kein Porzellan! Da ist es doch kein Wunder, wenn der Rosenthal Pleite geht, oder? Wenn die Leute das Papier gleich mitfressen. Da wird der Mensch doch zum Container!

Und wenn ich sehe, was die Leute da fressen, dann weiß ich auch, wie sie wohnen.

Oder glauben Sie tatsächlich, dass ein Möbelstück von diesem Ikea jemals gotisch wird? Aber Schluss. Nicht dass Sie meinen, ich halte jetzt das große Lamento über den Untergang des Abendlandes. Nein. Wir in Bayern haben allen Grund, froh und stolz zu sein und uns zu freuen. Wir haben jetzt ein Projekt durchgezogen, das war zugegebenermaßen gar nicht billig.

Wir haben den bayrischen Dialekt gerettet!

Ich war federführend dabei, und glauben Sie mir's, das war nicht einfach. Wir haben den gesamten bayrischen Dialekt – archiviert. Er ist jetzt im Bayrischen Rundfunk drin. Und da kommt er auch nicht mehr heraus!

Ja, ich weiß, man schmunzelt. Aber schauen Sie, aus eigener Erfahrung, ich kann nur aus eigener Erfahrung reden. Ich wohne im S-Bahn-Bereich zirka zwanzig Minuten von der Münchner Innenstadt entfernt. Wohne sehr schön, bin sehr zufrieden. Hab eine Doppelhaushälfte. Aber ich hab einen Nachbarn. Klar, bei einer Doppelhaushälfte hat man Nachbarn. Mein Nachbar, das ist so ein zugereister Siemensler.

Nein – ich komme zurecht mit dem Mann. Man tut ja sein Möglichstes!

Neulich hat er mich gefragt, ob ich nicht Lust hätte, dass wir miteinander grillen. Wir haben dann auch gemeinsam grenzüberschreitend gegrillt. Aber Sie werden es nicht glauben, weil man immer sagt, das sind Klischees ... Das ist kein Klischee! Der Mann bringt das! Er bringt es fertig und grillt eine Weißwurst.

Alles, was recht ist!

Da brauchen wir über den Untergang des Abendlands nicht mehr lange zu diskutieren.

Sie haben auch einen netten Buben, und außerdem, was kann das Kind dafür, dass der Vater eine Weißwurst grillt? Er grüßt von sich aus. In der heutigen Zeit auch keine Selbstverständlichkeit. Er tschüsselt zwar, aber mei. Neulich sag ich zu ihm: »Servus, Maurice-Eugène, taugt's dir?« Wie man halt so mit einem Kind redet. Schaut mich der mit großen Augen an. Er versteht mich nicht. Denkt, ich wär ein Ausländer. Ich sag: »Ja, Maurice-Eugène, was ist denn? Du werst doch noch a bissl Bayrisch redn?

Reiß dich zamm! Und wennst schön was auf Bayrisch sagst, dann kriegst von mir fünf Euro.« Da sagt der Bub glatt ... Wie sagt er? »Bei uns in Bayern sagen wir anstatt die Butter der Butter!« Ich hab ihm dann zehn Euro gegeben.

Das sind Momente, da resigniert man.

Ich resignier häufig ... Ich mach keinen Hehl daraus ... Wenn ich bei mir draußen sitz, auf der Terrasse, ein lindes Lüfterl weht, dann hock ich da, einen Obatztn am Teller, frische Brezn. Meine Frau schenkt mir ein Weißbier ein ... Dann resignier ich! Und wenn ich so dasitz und schau naus ins Land, seh die schneebedeckten Berg, die grünen Matten, dann denk ich mir: herrlich! Herrgott, ich danke Dir, dass du uns in dieses Bayernland geschickt hast und nicht nach Mecklenburg-Vorpommern.

Und wenn dann noch die Kirchenglocken läuten und die Kuhglocken, und ich schau in den weiß-blauen Himmel ... Das ist schon schön ... Eine echte Idylle! Da kann man dann auch sagen, was man will ... Ein Neger passt da einfach nicht hinein!

Dass wir uns nicht missverstehen! Ich mein's, wie ich's gesagt hab. Rein farblich. Von der Farbkomposition her.

Wir Bayern, wir sind ein äußerst kunstsinniger Menschenschlag.

1705

Sehr verehrter Herr Ministerpräsident –
ich darf Sie sowie Sie, Exzellenz Landesbischof Waller, aufs Allerherzlichste begrüßen –, selbstverständlich auch unseren Landrat Dr. Batz, Herrn Oberstleutnant Freiherr von Epp und auch unseren Pfarrer Monsignore Dobler, unseren Bürgermeister Hans Steindl, Ihnen allen ein herzliches Grüß Gott im Namen der Gebirgsschützen, die heute hier angetreten sind.

Kameraden!

Am heutigen Patronatstag, der unter der Schirmherrschaft unseres verehrten Ministerpräsidenten Dr. Edmund Stoiber steht, haben wir bayrischen Gebirgsschützen uns heute hier versammelt, um der Opfer zu gedenken, die bereit waren, unter Einsatz ihres Lebens unsere geliebte Heimat zu verteidigen. Wir gedenken der Gefallenen von 1705. Heldenmütig haben die Oberlandler versucht, die österreichischen Panduren, welche in Horden unser Land im Würgegriff hielten, hinauszuschmeißen, aber leider, durch den Verrat, wie so oft in der Geschichte von einem Weiberts, wurde die Sache abgeschmettert, und so kam es zur Mordweihnacht von Sendling.

Auch heute stehen wir wieder vor schwierigen Aufgaben, die sehr schwierig sind, weil nicht nur der äußere Feind uns bedroht, sondern der innere Feind, der wo aber auch von außen kommt, aber bereits schon bei uns herin ist. Es ist zwar nur eine Minderheit, aber die ist es, welche die Mehrheit terrorisieren will, und deshalb erkennt man sehr schnell, dass diese Minderheit der innere Feind ist. Überall sitzt er drin, wie zum Beispiel im Fernsehen, wo man der Mehrheit unserer Bürger faule Fleischreste zeigt, mit Würmern und Trichinen, und das tut man, damit uns der Appetit vergeht und mia Kerndl fressen und unsere Landwirte kein Fleisch mehr verkaufen. Diese Kerndlfresser sind nur ein Beispiel, wie eine Minderheit uns schikaniert und man zum Psychiater gehen muss, damit einem beim Anblick von einem Schnitzel nicht schlecht wird. Und genau dieselben sind es auch, welche die Biergärten schließen wollen, weil es ihnen nicht passt, dass die Mehrheit am Bier eine Freud hat, obwohl man in diesem Land sich aus Tradition zum Bier bekennt und es weit über tausend Jahre aus kultureller Verantwortung trinkt.

Jeder bei uns weiß, dass das Bier mit unserem Glauben aufs Engste verbunden ist, weil, wie wir von den Klöstern her wissen, die katholische Religion das Bier nicht nur empfiehlt, sondern sogar selbst braut.

Immer mehr so Einzelgänger, Individuen und Singles, manche haben die Frechheit, sich als Künstler zu bezeichnen, wollen unser Land verschandeln, ja sie schrecken nicht zurück, selbst unseren Glauben zu verhunzen.

Die heilige Muttergottes wird in Wolfrats-
hausen im Minirock auf eine Brücke hingestellt, so dass die einzige Antwort auf solch
ein Schandwerk ist, dass man es in den Fluss
schmeißt.

Dieselbe Bagage ist es auch, die sich immer mehr in den Straßenverkehr mischt und
überall Geschwindigkeit dreißig fordert, aber
das glangt ihnen nicht, dann wollen sie lauter
Verkehrsinseln und Stolperschwellen errichten, um alles zu verhindern. Dass es aber
auch bei uns viele Menschen gibt, denen es
pressiert, ist ihnen gleich.

Der Schaden, wo diese Minderheit an-
richtet, geht in die Milliarden.

Sie sind gegen alles – jeden Tunnel, und
wenn er noch so vernünftig ist, feinden sie
an. Will man eine Zugtrasse errichten, sind
sie schon dagegen, vom Atom will ich gar
nicht reden, weil wenn es nach ihnen geht,
sollen wir wieder in Höhlen wohnen. Tscher-
nobyl ist aber nicht in Bayern, und Kitzbühel
ist in Tirol, das weiß ein jeder, aber man will
uns für blöd verkaufen. Heute schaut es so
aus, dass alles möglich ist. Diese Preußen

behaupten, dass sie Münchner sind, und die Neger geben sich zunehmend als Deutsche aus, immer mehr drücken in unser Land hinein und behaupten frech, sie wären mir.

Kameraden – wir Gebirgsschützen sind aufgerufen, diese Zustände genau zu beobachten. Große Namen verbinden sich mit unserer Tradition, wie Graf Arco, der dem Spiel dieser Schlawiner, die unser Land an die Bolschewisten ausliefern wollten, ein Ende gemacht hat.

Auch ziehen wir den Hut vor Persönlichkeiten und sagen Reschpekt, wenn sich einer heute noch traut, sich öffentlich hinzustellen, obwohl er dadurch beruflich große Nachteile riskiert und Verfolgungen bis hin zu Ehrabschneidung, wenn er sagt, jawohl, ich sympathisiere mit der CSU.

Wir in Bayern sind doch eine Demokratie, wo kein Mensch gezwungen wird, eine Minderheit zu werden, jeder hat das Recht, sich zur Mehrheit zu bekennen und sich anständig zu benehmen, und wenn er das tut, dann braucht er kein schlechtes Gewissen zu haben, wenn er in aller Ruhe einen Schweinsbraten isst und einige Bier dazu trinkt, dann waren auch die Opfer von 1705 nicht umsonst.

Ich danke Ihnen!

DEMOCRACY

Ladies and Gentlemen!

It is me a pleasure today to be here in Africa in your nice country of Tjurangrati. My dear Tjuranggrattlers: Before I start my speech now, please let me give you the kindest regards of our Ministerpresident Edmund Stoiber, of our Wirtschaftsminister, Verkehrminister Wiesheu, and – last, not least – of the emperor, Professor Dr. Dr. Franz Beckenbauer from Warstein Brewery.

Ladies and Gentlemen! The Hanns-Seidel-Stiftung in Wildbath Kreuth kindly asked me to teach you, to instruct you the most important form of government today: Democracy!

Democracy ... democracy, Ladies and Gentlemen – and this might especially interest you here in Africa –, democracy: What is it? Democracy, Ladies and Gentlemen, has a very old tradition in Bavaria. The roots go back ... far, far back to a man called Plato. – Plato was an old Greek from Greece ... The next one was an old Roman from Rome: Cicero. – Cicero, Ladies and Gentlemen, we correctly pronounce Cicero (Zizero), not Kikaroh (Kikarow). – But, Ladies and Gentlemen, pay attention now, because the most important of all – the third one – was our political genius from Bavaria: Dr. Mueller! Or, as we call him in Bavaria: »Ochsensepp«. – Ochsensepp from Bavaria, Ladies and Gentlemen, himself gave the idea of democracy a new power – a new vitality – by giving simple answers to very simple questions. A typical Ochsensepp-question – for an example – was the question: What do democrats actually want? Ya, what want the democrats?? The democrats, Ladies and Gentlemen, always want to have a majority, a solid majority – in Bavaria: absolute majority! Now, it is to us: How can we get such a majority? To have absolute majority, Ladies and Gentlemen, it is necessary to have your own press, your own newspaper – as we have in Bavaria, for instance, the Miesbacher Mercur – to tell the majority what the majority wants to know. Or, you need to have the radio-station of your own – as we have the Bayerischen Rundfunk – to tell the majority what the majority wants to hear. This is the best way to avoid unnecessary minorities.

Ladies and Gentlemen, the old Greeks and the old Romans in the old times, they sacrificed gold, silver, jewellery, wine, beer – and other drinks – to have a harmony with their gods in heaven. – To create a harmony among their people, the Bavarian politician presents a Freibeer to the folks ... Ladies and Gentlemen, the idea of Freibeer in Bavaria is deeply religious: The more you drink, the more the ghost of democracy becomes visible. Ladies and Gentlemen, the Bavarian Verkehrsminister Dr. Wiesheu himself got the Bavarian Verdienstorden when he achieved one point 99 promille. Only a Verkehrsminister who can drink so much can be admired as a sovereign. A Verkehrsminister in Bavaria needs to have a good liver and a very good constitution – we say: a Bayerische Verfassung.

Ladies and Gentlemen, at the end of my speech, please, believe us: We in Bavaria, we do not see black for your future here in Africa, and we wish you by heart a happy democracy.

Bye-bye and – victory ...

MEHR ODER WENIGER

Was will eigentlich diese Minderheit? Diese Frage muss doch bei uns in Bayern endlich einmal gestellt werden! Was wollen die denn? Mein Gott nochmal! Ist sich diese Minorität immer noch nicht wenig genug? Wie wenig will sie denn noch werden? Langt's ihr noch immer nicht? Sie war's doch eindeutig selber, die sich zur Minorität gewählt hat! Demokratischer geht's doch gar nicht! Und wenn eine Minderheit noch ein bissl ein Hirn hat, dann muss sie doch kapieren, dass sie selber die Ursache für die Mehrheit ist. Wären sie nicht so wenig gewesen, gäbe es ja gar keine Mehrheit.

Zwei Drittel der Bayern – also eine Zweidrittelmehrheit – will hier überhaupt keine Minderheit haben! Was sagt mir da meine Wenigkeit?

Ja, Kruzinesn – wem gehört jetzt eigentlich die Demokratie? Doch wohl der Mehrheit! Oder?

Pssssst – sind Sie amal still! Ganz leise! Hören Sie's?

Das ist die schweigende Mehrheit.

Hören Sie es, wie staad die sind?

Glauben Sie es mir: Laut sind nur so Minoritäten, so Einzelgänger, Individuen, Subjekte, Querulanten. Weil sie einen Minderheitenkomplex haben, drum wollen sie auf sich aufmerksam machen.

So ist das leider. Diese Welt ist so.

Aber wenn wir diese Welt verändern wollen, dann müssen wir – und ich hoffe, Sie geben mir recht –, wir, die wir noch – ich betone: *noch!* – die Mehrheit haben, höllisch aufpassen, dass diese Minderheiten uns nicht überschwemmen.

Und ich sag's, wie's ist: Wenn so eine Minderheit mal die Mehrheit ist, dann – gnade uns Gott. Keiner soll daherkommen und behaupten, dass man bei uns gezwungen ist, eine Minderheit zu sein. Jeder hat das Recht, sich einer Mehrheit anzuschließen. Dann braucht er sich auch von keiner Minderheit majorisieren lassen!

Was haben sie denn erreicht bis jetzt? Nennen Sie mir *eine* Klimakatastrophe, die sie verhindert hätten! Oder *eine* Autobahn! Also dann. Aber sie sind gegen *alles*! Bevor was gebaut wird, sind sie dagegen – wenn's geplant wird, sind sie dagegen –, wenn die Planung durchgeführt wird –, und wenn das Projekt fertig ist, sind sie auch dagegen.

Aber dass es der Mehrheit wurscht ist, was geplant wird – das interessiert sie nicht! Wenn eine Minderheit einer Mehrheit einen Schaden zufügt, dann ist das doch viel schlimmer, als wenn eine Mehrheit amal einer Minderheit ... äh, oder?

Eine Minderheit will der Mehrheit ihre Identität nehmen, und überhaupt, wenn heute so ein Einzelner – ein Einzelgänger halt – mit seiner Meinung hausieren geht und andere Menschen beeinflussen will, ja bitte, woher hat er denn dann seine Weisheit? Woher denn? Aus dem Fernsehen! Jawohl! Woher denn sonst? Also braucht er mir den Schmarrn gar nicht erzählen, weil ich schau selber fern.

Wenn ich heute die Welt einigermaßen in den Griff bekommen will, dann lese ich eine Zeitung mit einer hohen Auflage. Die, wo halt alle lesen! Und wenn ich mir heute amal eine gute Sendung anschauen will, die, wo Millionen sehen, dann habe ich auch eine gute Sendezeit. Ich wart doch nicht bis um ein Uhr in der Früh, bloß dass ich das anschaue, was so ein paar versprengte Hansln sehen wollen. So weit kommt's noch!

Die Mehrheit muss ja in der Früh aufstehen und arbeiten, die kann ja nicht bis am Mittag im Bett umeinanderflaken! Aber dagegen kann auch die Demokratie nichts unternehmen. Wenn sich eine Minderheit über etwas aufregt, was sie betrifft, dann soll sie das meinetwegen gern tun, und deshalb sage ich, Finger weg vom Rudi!

Der Rudi – also der Hinrainer Rudi, ein Spezi –, der fahrt jetzt einen Maybach, mit allen Schikanen: Cinnamoraholzausführung, Massagesitze, RCD, Rearseat-Entertainment, Biturbo und so weiter – und jetzt kommt's, das ist ein Auto, das wirklich wenige haben. Also ich hab so ein Auto nicht. So ein Gerät ist finanziell ... und so ... aber die Mehrheit würde sich doch bestimmt alle zehn Finger abschlecken!

Aber wie gesagt: Finger weg vom Rudi! Der gehört zu einer vitalen Minderheit. Der macht zirka vier Millionen im Jahr. Der steht unter Minoritätenschutz.

Und deshalb geht dem die ganze Demokratie sowieso mehr oder weniger am Arsch vorbei.

DER WEBER MAX

Wir waren alle da, also, mir ist nicht bekannt, dass einer gefehlt hat, weil wir waren vollzählig. Also, pass auf, es waren da, der Ding war, der Ding, da sagst ... Der Saller Wolfi war da, der Leinschwendner Sepp, der Bürgermeister, der Ziegler Fritz, na ja, der Fritz sowieso, und der Weber Max war da. Doch sicher, der Max war da, freilich, weil wir uns noch gfragt haben, kimmt der Max oder kimmt er nicht, könnt ja sein, dass er nicht kimmt, aber der Max war schon da. Sicher, es hätt ja sein können, dass er gar nicht kimmt, weil wir uns noch gfragt haben, ob er kimmt, aber der Max war schon da. Der war da wie eine Brezn. Also, die Sitzung ist vollkommen normal hergangen, ohne besondere Vorkommnisse, wie halt im Grunde eine jede Gemeinderatssitzung halt auch. Vielleicht is's a bisserl feucht herganga. I glaub, circa achtzig hoibe Bier san glaufen und deam ungefähr fuchzg Obstler, aber das heißt, der Weber Max sauft ja keinen Obstler, weil er trinkt ja bloß seinen Sechsämtertropfen. Der Max trinkt keinen Obstler, der trinkt wirklich bloß einen Sechsämtertropfen. Wir haben auch diesmal wieder in der Gemeinderatssitzung einstimmige Abstimmungsergebnisse erzielt, wie sonst halt auch einstimmig. Was haben wir denn diesmal abgestimmt? Moment, jetzt muss ich sinnieren. Ja, das war der Programmpunkt eins. Ja, beim Programmpunkt eins ham wir sofort gesagt, jawoll, ganz klar, da brauchen wir nich mehr lange diskutieren, der Abort kommt rein ins Leichenschauhaus, weil wir gesagt ham, der Abort ist eine Belebung fürs ganze Gemeindeleben und eine Zukunftsinvestition. Mir ham gsagt, wenn das Geld von Brüssel kommt, und das Geld ist gekommen, dann kimmt das

Scheißhaus rein. Was hamma noch abgestimmt, ja, den Programmpunkt zwei, da
ham wir auch abgestimmt, einstimmig, ohne
Stimmenthaltung, da ham mir gsagt, die Fingerhakler, also der Fingerhaklerverein kriegt
8000 Mark vom Kulturetat, obwohl mir in unserer Gemeinde einen Kulturetat gar nicht
ham, aber mir ham gesagt, scheißegal, dann
stellen wir die Sache mit dem Kindergarten
noch ein paar Jahre zurück, und bitte, was
war denn voriges Jahr? Die Maßkrugstem-
mer, der Maßkrugstemmverein, die haben
auch 5000 Mark gekriegt, voriges Jahr, also
kulturell ist derzeit bei uns die Hölle los. Die
Fingerhakler warn auch ganz begeistert, weil
mit 8000 Mark hams nicht gerechnet. Also
die Fingerhakler waren außer Rand und
Band. Sie sind fast in 'n Veitstanz vor Begeisterung und ham uns dann, also den gesamten Gemeinderat, eingeladen. Dann samma
alle nach der Sitzung rauf zum Bauer Girgl.
Der Saller Wolfi ist noch mitganga. Der Leinschwendner Sepp, der Bürgermeister, der
Ziegler Fritz, das heißt, der Fritz sowieso,
und aa der Weber Max. Doch, der Max is scho

mitganga. Sicher, weil mir uns noch gfragt ham, kimmt er noch mit oder kimmt er nicht mehr? Bringt der Max noch seinen Zünd- schlüssel ins Zündschloss rein, aber der Max is scho noch mitganga. Die Fingerhakler in ihrer Begeisterung ham gleich eine riesige Flasche Champaninger spendiert, einen echten Söhnlein Brillant, die hamma dann gleich gezuzelt. Der Wirt vom Bauer Girgl hat sich auch nicht lumpen lassen und hat gleich eine Runde Cuba Libre spendiert, weil sei Neffe den Führerschein wiedergekriegt hat. Bloß der Weber Max hat natürlich keinen Cuba Libre angerührt, sondern hat gleich zum Wirt gsagt, komm, stell amal a Flaschen Sechsämtertropfen auf den Tisch, damit eine Stimmung aufkommt. Und ich muss sagen, es war wirklich ein netter Abend. Wir wollten aber dann doch früher heimfahren, weil wir wollten am anderen Tag einen klaren Kopf behalten. Aber bevor wir fahren wollten, hat der Saller Wolfi gsagt, halt, stopp, bevor mir fahren, trinken wir noch einen schwedi- schen Kaffee. Und dann ham mir alle noch einen schwedischen Kaffee getrunken. Also, ein schwedischer Kaffee, das ist, da nimmt man eine große Tasse, schon einen Schapfen, und da schüttelt man ein bisserl einen Kaffee rein, dann schmeißt man ein Zehnerl rein, und dann schüttet man das Ganze mit einem Obstler oder einem Enzian wieder auf, so lang, bis man das Zehnerl wieder sieht. Der schwedische Kaffee, glaube ich, das ist ein altes Rezept aus der Ukraine. Mir ham dann diesen schwedischen Kaffee gsoffen und sind aber dann gleich danach heimgfahrn, weil mir ham ja dann am – jetzt muss ich nachdenken –, Herrgott, wann war's denn, dass ich nicht lüg ... Ja, am anderen Tag – da ham mir dann das Symposium gehabt, das Symposium, mit denen von der Regierung, Regierungsmitglieder informieren Gemeinderäte, also, der Saller Wolfi war da, der Leinschwendner Sepp, der Bürgermeister war da, der Ziegler Fritz, na ja der Fritz sowieso, und der Weber Max. Der Max, doch, der war schon da. Weil mir uns noch gfragt ham, kommt er, der Max, oder kommt er nicht, aber der Max lässt sich doch kein Symposium entgehen, und das muss man auch gleich sagen, das Symposium mit denen von der Regierung, das war ein voller Erfolg. Ein voller Erfolg auf der ganzen Linie. I hab jetzt die Speisenkarte nicht im Kopf, aber die Herren von der Regierung haben einen Boscholää ausgeschenkt, einen solchen Boscholää, so einen Boscholää kriegst du nicht einmal in Boscholää. Es sind auch hochinteressante Fragen erörtert worden, kommunal ... äh ... und so weiter. Und der Weber Max hat auch einmal eine Frage gestellt, an den Regierungspräsidenten, übrigens ein fürchterlich gescheiter Mann, eine Kanone sozusagen, also, hat der Max gsagt, ja darf ich auch amal a Frage stelln? Da hat der Regierungspräsident gleich gesagt, weil er hat prompt reagiert, bitte sehr, Herr Weber, fragen Sie, was haben Sie auf dem Herzen. Da hat der Max gsagt, ja muss i denn bei eich so einen Boscholää saufen, habts denn es koan Sechsämtertropfen? Also, die Gespräche waren wirklich von höchstem Niveau. Und wir ham auch gleich gsagt, dass in dieser Angelegenheit wir gemeindeseits tabula rasa machen, und ham gsagt: grünes Licht, beim

Aufbau Europa solln wir nicht abseits stehen, und deshalb ham wir einstimmig gesagt, dass unsere Partnergemeinde Tomachlice bei den Tschechen, also die kriegen unsere Sondermülldeponie umsonst, weil s' ja sonst nichts ham. Und mir ham gsagt, die kriegen die Sondermülldeponie, auch wenn die Kaulquappennumerierer noch so schrein. Die quaken doch sowieso bloß noch wie die Frösche. So, und jetzt muss ich gleich gehen, ich muss jetzt zum Bräuwirt, weil wir ham jetzt gleich ein Arbeitsessen, weil der Saller Wolfi kommt, der Leinschwendner Sepp, der Bürgermeister kommt, der Ziegler Fritz, na ja der Fritz sowieso, weil der Pamplinger möchte jetzt direkt am Seeufer eine Lackfabrik aufstellen, direkt ans Seeufer, und da ham mir gesagt, so geht's nicht, was heißt da Arbeitsplätze, mir sind doch immerhin ein Luftkurort, sicher, wir ham jetzt das neue Konzept entwickelt in der Gemeinde, Luftkurort im Industriegebiet, aber eine Lackfabrik ans Seeufer stellen, so geht's nicht, und wir ham dem Pamplinger auch gesagt, bei dir ham mir schon oft ein Auge zugedrückt. Wir ham nichts gesagt, wie du die Pollacken in die Kühlräume versteckt hast. Wir ham auch ein Auge zugedrückt, wie du die Tamilen in dem Hundezwinger gehalten hast. Aber jetzt eine Lackfabrik ans Seeufer stellen, so geht's nicht. Mit einem Gemeinderat kann man nicht radlfahrn. Mir ham gesagt, schön, Pamplinger, wir genehmigen's, aber er muss ökologisch alle Auflagen erfüllen, und wenn da wirklich eine Lackfabrik entsteht, muss er um die ganze Lackfabrik einen Wilden Wein anpflanzen. Ob jetzt allerdings der Weber Max noch kommt zu dem Arbeitsessen, das steht jetzt in den Sternen, weil der Max sagt, er weiß nicht, ob er Entscheidungen in der Gemeinde von einer solchen Dimension, ob er da mit seiner alten Leber noch mitfahren kann. Der Max sagt, er bräuchte halt a neue Leber. Da ham mir gleich gsagt, Max, für dich bringma doch noch amal a neue Leber her. Da fahrn mir mit dir nach München in die Klinik, da wo's die neuen Lebern gibt, aber der Max ist heikel, richtig gschleckert ist er, weil er sagt, wenn er schon 'ne neue Leber will, dann muss das auch 'ne Leber sein, die wo Hand und Fuß hat. Einen alten Lappen lässt er sich nicht neiplantieren, am liebsten wär ihm so 'ne Leber von 'nem Moslem, sagt der Max, weil die dürfen nix saufn. Von der Religion aus. Und am liebsten hätt er halt 'ne Leber von 'nem jungen Fundamentalisten, weil die ham Lebern wie die Jungfrau, weil s' bloß a Mineralwasser trinka. Also, meine persönliche Meinung is, der Weber Max ist sicher bald wieder in unserem Gemeinderat tätig, und so wie ich die Situation politisch einschätze, fallen da drüben oder da drunten, da wird doch in Gottes Namen noch amal a Leber für'n Weber Max hergehn.

DER CSU-SAMMLER

Ich sammle jetzt gut zwanzig Jahre CSU.
Ich hab mich drauf eingeschossen. Es ist eine echte Leidenschaft. Gut, andere sammeln SPD, sogar FDP, wie halt Briefmarken auch oder Samuraischwerter. Sie glauben ja nicht, was heute alles gesammelt wird. Ich kenn einen, der sammelt BHE-Flüchtlinge. Von mir aus.

Ich hab mich halt auf CSU spezialisiert, und ich muss sagen, inzwischen bin ich im Besitz von wirklich schönen Objekten. Nicht die allerwertvollsten, aber ein paar Sachen hab ich schon, wo man stolz sein kann.

Die Heiligenbilder hab ich sowieso, mit

Unterschrift. Den Strauß, den Tandler, den Höcherl, den Ochsensepp, auch den Old Schwurhand! Von dem besitz ich sogar das Foto, wo er gerade den Meineid schwört. Leider hat er es nicht unterschrieben, aber menschlich ist das ja verständlich.

Dann drei Originalbarthaare vom Alois Hundhammer, der Bartrest soll sich in Sydney befinden. Den Stoiber hab ich x-mal – mit Unterschrift! Das sind ja jetzt Märtyrerbilder! Also, meine Sammlung kann sich durchaus sehen lassen.

Leider hab ich von dem Dossier von der Monika Hohlmeier nur sieben Seiten, und die sind ziemlich unleserlich. Nur auf einer kann man entziffern: »Dieses Dreckschwein, den mach ich fertig!« Also doch schon ein Dokument von einer Powerfrau!

Übrigens hab ich auch was Lustiges: den Knochen von der Lieblingsschweinshaxe vom Franz Josef Strauß.

Aber jetzt komm ich zu meinen Prunkstücken. Hier, ein Fragment, schaut aus wie ein Knäckebrot. Stichwort Festplatte! Das Stück, was der Max Strauß nicht mehr nuntergebracht hat in der Eile, das, was er nicht mehr fressen konnte, also eine echte Rarität! Die kriegt amal mein Bub, da kann er sich einen Wohnblock kaufen.

Aber jetzt komm ich zu einer Perle, die alles in den Schatten stellt. Bei allen, die's wissen, genieß ich deswegen uneingeschränkte Bewunderung. Ich erzähl aber auch ungern, wie ich zu der gekommen bin. Erinnern Sie sich an das Wolfratshauser Frühstück? Da wurden doch Weißwürste verzehrt. Ich bin stolzer Besitzer der Originalhaut der Weißwurst, die Angela Merkel gezuzelt hat. Ich hab extra ein Gutachten anfertigen lassen, das bestätigt, dass sich auf der Wursthaut Lippenstiftspuren befinden. Ungeheuer! Die Wursthaut befindet sich natürlich im Banksafe in einem Humidor, damit sie nicht ausdörrt.

Nein, diese Preziose stifte ich natürlich einmal keinesfalls dem Buchheim-Museum. Die erbt amal meine Tochter, dann kann sie auch an den Starnberger See zu den zwanzig Prozent ziehen.

Und jetzt hab ich noch ein besonderes Schmankerl in Aussicht. Gestern ruft mich der Hinrainer Rudi an, der Hund, der denkt eben echt mit! Ich muss schon sagen, das ist wie a Weihnachtsgeschenk! Hat der mir glatt im Ebay für läppische 342 Euro die bayrische Karriereschleuder schlechthin ersteigert.

Sie werden es noch wissen: Der Otto Wiesheu, Staatssekretär seines Zeichens, hat doch damals im Vollrausch, 1,99 Promille, einen Polen dermackt, also totgefahren. Der Pole war nüchtern, das hat ihm allerdings wenig genützt. Kurz darauf bekam dieser Herr Wiesheu doch den Bayrischen Verdienstorden und wurde dann auch Verkehrsminister. Sicherlich aber nicht allein aus dem Grund.

Und das original Röhrl, in das der Wiesheu hineingeblasen hat und wo man die 1,99 festgestellt hat, das hat der Hinrainer Rudi für mich im Ebay ersteigert. Eine echte Okkasion!

Sie werden verstehen, dass mich das geradezu euphorisiert.

DER EUROPÄER

Für mich ist das klar! Man muss meines Erachtens immer schauen, dass man diese, wie soll ich sagen, negativen Einstellungen, das bringt uns doch nicht weiter! Man muss im Leben schon a bissl optimistisch sein, oder? Man weiß ja nicht, was kommt. Und wenn was Negatives passiert, und es trifft das ein, was zu befürchten war, dann hat man auch nichts davon. Stimmt's oder hab ich recht? Man muss sich doch auch einmal überwinden können und einfach Ja sagen. Ja zum Leben schlechthin! Mein Gott, wie oft hab ich in meinem Leben schon Ja gesagt! Ich kann es gar nicht mehr zählen! Sogar Jawohl. *Jawohl!*

Und ich mach auch gar kein Hehl draus! Ich stell mich jederzeit hin, da hab ich gar kein Ding ... Ich sage heute ein eindeutiges Ja zum Nein zu Europa.

Moment, nicht jetzt da voreilig, ich meine das auch genau so. Ich selber schau ja – wenn ich schau – Geschichte! Und ich schau, wenn ich schau, viel Geschichte. History! Das interessiert mich. Faszinierend, wie weit das alles zurückgeht. Wahnsinn, wie weit diese Geschichte zurückgeht. Und wenn man meint, jetzt geht aber bestimmt nix mehr zurück, dann geht's noch weiter zurück. Ist schon enorm, oder?

Ich schau mir aber auch amal einen Tierfilm an, so ist es nicht, dass ich jetzt nur Geschichte, ich schau schon amal einen Karpfen an oder einen Hecht, auch einen Haifisch, nicht wahr. Irgend so was. Gern! Warum nicht?

Aber Geschichte ist schon besonders interessant. Grad da merkt man eigentlich auch, was man alles nicht weiß, gell. Oh mei, wir wissen so viel nicht!

Wer weiß denn schon, was allein Bayern

für Europa bedeutet. Weiß keiner. Frag amal einen. Keine Ahnung! Derweil ist das nämlich hochinteressant, denn in Europa, in ganz Europa gäbe es heute noch kein Wiener Schnitzel ohne Bayern! Weil wir haben es ja in der Schlacht bei Wien erobert. Oder glauben Sie vielleicht, dass die Türken das Rezept freiwillig hergegeben hätten? Nie! Nein, ich hab nichts gegen Türken, ich hab überhaupt nichts gegen Türken! Die Türken lecken mich am Arsch! Die interessieren mich gar nicht. Sie sind mir wurscht – vollkommen wurscht! Aber das ist es eben, was ich sagen will. Wenn man sich mit Geschichte beschäftigt, dann weiß man das: Wir Bayern, wir waren schon in der Türkei, da hat es noch gar keine Türken gegeben! Weil wir waren ja Byzanz! Das weiß bloß keiner. Wir waren Byzanz, wohlgemerkt.

Und ich sag Ihnen eins, Europa, das fängt schon ziemlich früh an, das muss man wissen. Damals, da sind die einen hereingekommen, wo die anderen noch gar nicht waren, und diese Griechen und die Päpste! Weil man muss sich vorstellen, dieses Europa war ja höchst waldreich, und das war ja überhaupt die Voraussetzung, dass man diese Hexen dann auch verbrannt hat. So muss man sich dieses Europa vorstellen. Ein bissl ein Niveau muss man schon mitbringen!

Wenn wir jetzt dieses Europa überhaupt haben wollen würden, nicht wahr, dann müssen wir auch dieses europäische ... Erbe, das wir haben, diese Traditionen, wie soll man sagen, die muss man dann auch benutzen und pflegen, oder? Aber das wird jetzt wahrscheinlich zu abstrakt.

Dann machen wir es eben konkret: Sie wollen ein Einfamilienhaus bauen. Sie haben noch keins. Also, hinein ins Bauamt. Da hockt so ein Gschwollschädel drin und blockiert alles – nichts geht! Also was tun? Einen Anwalt nehmen? Das kann man schon machen. Nimm einen Anwalt! Mach das. Klar. Aber das sag ich dir gleich, dann baust du kein Haus mehr. Der Anwalt schon, aber du nicht. So! Worauf will ich hinaus? Ich will darauf hinaus, dass ich sage, du musst eben diese europäischen Rezepte anwenden!

Du nimmst ein Buch, eine Schwarte. Also

so was, was man halt nicht liest, ich weiß auch nicht – *Schuld und Sühne*, irgend so was halt. So, und dann tust du da Geldscheine einsortieren, gehst zu dem Beamten hin, gibst ihm das Buch und sagst: »Schauen Sie amal hinein!« Dann macht der auf und sagt: »Hochinteressant!« Dann sagst du zu dem Beamten: »Da müssen Sie erst amal auf Seite 200 schauen, da wird's noch spannender!« – Auf alle Fälle, der Bau geht wie geschmiert, und es hat noch einen Vorteil: Der Beamte liest wieder einmal ein Buch. Aber nicht dass Sie meinen ... Mit Korruption hat das nichts zu tun. Das ist eine uralte bayrisch-byzantinische Tradition. Das ist Europa, verstehen Sie? Europa! Das ist ein Geben und Nehmen. Das sollten sich vor allem diese Engländer einmal merken.

Nimm diese Engländer! Jawohl, sie sind Europäer. Sie haben in ihrer Geschichte viele Schlachten geführt und sie haben auch viele gewonnen. Jetzt haben sie grad wieder ein Jubiläum gefeiert, die Schlacht von Trafalgar, die haben ja sie gewonnen. Sie haben riesig gefeiert. Ich meine, das zahlen ja wir mit.

Nichts dagegen. Aber jetzt sage ich: Wenn ich das nicht nur als Engländer feiere, sondern als Europäer, ich meine, wir Deutsche sind auch Europäer, dann haben halt wir auch a bissl mitgewonnen, oder? Nicht bloß die Engländer. Warum sollte man dann in Rosenheim keinen Trafalgar Square hinstellen? Wir Deutsche haben auch Schlachten geführt. Wir haben halt keine gewonnen. Aber wenn diese Engländer einen Anstand hätten und europäisch denken täten, dann hätten sie halt in Stalingrad auch ein bissl verloren. Wir müssen umdenken – und zwar revolutionär!

Die deutsche Geschichte kennt man ja. Aber europäisch betrachtet, muss man sie aus einer anderen Perspektive betrachten: Da droben, in dieser Normandie – natürlich weiß man, wie das ausgegangen ist, als Deutscher weiß man das! Aber europäisch betrachtet, haben wir Deutsche in dieser Normandie doch gemeinsam mit den Alliierten die Nazis besiegt, oder?

Neulich war ich im Wirtshaus. Wann war das jetzt? Ich glaube ... gestern! Jawohl, sitzt

da an meinem Tisch so ein Typ. Ich komm
mit ihm ins Reden. Stellt sich heraus, er war
ein Finne. Sag ich: »Was sind Sie? Ein Finne?« »Ja«, sagt er, er ist ein Finne. Sag ich:
»Ja, verreck!« Weil, ich hab noch nie einen
Finnen gesehen! Ich kenne Neger, Chinesen,
Asiaten, Indianer, Tschuschen, alles mög-
liche, aber Finnen habe ich noch nie gesehen. Sag ich: »Sind Sie wirklich ein Finne?«
»Ja!«, sagt er, er ist einer. Er war glaubwürdig,
weil auf seinem Bierdeckel waren achtzehn
Schnaps droben! Dann ist mir das überhaupt
erst gekommen: Finne, denk ich, Finne? Die
gewinnen doch immer dieses Pisa! Und dann
hab ich ihn direkt gefragt: »Sie, wenn Sie ein
Finne sind, sind Sie wirklich so gebildet?
Sind Sie wirklich so gescheit?« Dann sagt der:
»Ja, das stimmt.« Pass auf, Bruder, hab ich
mir dann gedacht, das möchte ich jetzt schon
sehn, ob du so gescheit bist, und hab ihm
eine Frage gestellt, ganz eine einfache Frage.
Ich hab gefragt: »Wenn Sie ein Finne sind,
dann bitte sagen Sie mir: Kennen Sie die
Schlacht von Ampfing?« Haha! Genau! Keine
Ahnung, der Hanswurst. Verstehen Sie? Also,

da sieht man's doch, wie wir in Bayern beschissen werden! Das ist ja unglaublich. Der
Pisa-Sieger kennt nicht einmal die Schlacht
von Ampfing. Das ist ein Skandal, im Grunde.
Die Schlacht von Ampfing kennt doch bei uns
schon jedes Kind. Die kennt wirklich ein jeder,
weil das die einzige Schlacht ist, wo wir
gewonnen haben. Und heute im Nachhi-
nein – jetzt ist mir das überhaupt erst klar:
Sind wir froh, dass wir die Schlacht von Ampfing gewonnen haben! Denn wenn wir die
auch noch verloren hätten, dann wären wir
heute allesamt Österreicher.

Und bitte, wo fahren wir denn dann zum
Tanken hin?

Wissen Sie, ich sag halt so: Wenn ich Europa will, wenn ich das wirklich will, nehmen wir mal an, ich will's, dann brauch ich
doch Europäer dafür, oder? Nicht so Provinz-
ler. Mit Provinzlern kann man doch kein Europa bauen. Da brauch ich Leute, die einen
Stil haben. International Flair! Die, wo einen
Horizont haben, gell. Da brauch ich Leute
wie einen Hinrainer Rudi zum Beispiel.

Doch, der Rudi, der ist für mich ein Europäer, durch und durch. Er kann zwar kein Englisch, aber er frisst einen Sushi. Er tut auch Nordic Walking. Er war in Kuba beim Diven. Er sauft einen Bardolino. Fährt einen Mitsubishi. Der ist voll auf Europa! Außerdem ist er sowieso international, weil er ist ja mit einer Thailänderin verheiratet. Seine Frau ist eine Thaifrau! Und zwar schon die dritte. Warum? Das ist nämlich auch interessant. Das ist jetzt zwar ein anderes Kapitel, aber der Rudi sagt, die Thaifrauen sind zum Anschauen wirklich anmutig – aber, sagt er, haltbar sind sie nicht. Er sagt, er hätte jederzeit aus seiner Sicht auch eine europäische Frau geehelicht. Das wäre ihm wurscht gewesen. Polin, Ungarin – scheißegal, sagt er. Aber jetzt kommt es – er sagt: Die europäische Frau hat sich seiner Meinung nach mit ihrem enormen Selbstbewusstsein im Grunde selber sehr geschadet. Gell. Das sag nicht ich, das sagt der Hinrainer Rudi!

Und jetzt noch was, ich mein, mit dem Europa. Das ist doch ein uralter Traum. Da haben doch schon die Griechen davon geträumt, von diesem Europa. Neu ist das nicht. Aber, ich frag Sie: Muss ich jeden Traum verwirklichen? Muss ich das? Muss ich jeden Traum in die Wirklichkeit umsetzen? Schauen sie, meine ... Frau, die träumt jetzt schon – ach, zehn Jahre reicht gar nicht, dass sie von einem neuen Schlafzimmer träumt. Excuse me – ich brauch keins! Aber ich lasse meiner Frau ihre Träume – verstehen Sie? Das hat einen Riesenvorteil: Ich kann besser schlafen, und sie hat noch einen Traum!

EUROPA UND BIER

Dreißigtausend Menschen klatschen, stampfen, schreien ekstatisch, rhythmisch: »Bier her, Bier her, Bier her, oder i fall um«, dann: »Ein Prosit der Gemütlichkeit«! Das Bierzelt ist zum Brechen voll, es dampft, es qualmt, es ist für den, der neu kommt, wie ein Hexenkessel. Ohrenbetäubend der Lärm. Bier – Rausch – Gewoge!

Die da schreien, kommen von überall her und sind durstig, und sie zahlen jeden Preis, um da zu sein. Ein Liter Benzin DM 1.40, ein Liter Bier DM 8.–. Das ist nichts. In Schweden kann der Liter Bier auch DM 20.– kosten. Wasserblaue, riesige Augen widerspiegeln tiefes, unendlich tiefes Erstaunen. Die Dame aus dem Norden ist Alkoholentzugstherapeutin. Fast gewalttätig wird ihr zugeprostet. – Gemütlichkeit heißt die Parole! Da gibt's kein Widerstand. Das Bier muss hinein!

Europa – ein Oktoberfest! Nach zehn Maß Bier geht man heim. Es war grandios! Die Alkoholleichen kommen von überall her. Aus Frankreich, Spanien, England, Italien. Der unter dem Tisch kommt direkt vom Oktoberfest aus Carrara.

So viel Bier in sich zu haben, vollgesogen zu sein wie ein Schwamm, muss etwas Großartiges sein. Die Kinder werden eingesammelt und so lange aufbewahrt, bis ihre Besitzer, schon im Bus heim nach Verona, Reims oder Lüttich, zurückkommen, um sie abzuholen. Bier! Bockbier! Weißbierbock! Doppelbock! Jeder Schluck eine Persönlichkeit. Europäische Bierwallfahrten werden organisiert. Von Altötting nach Lourdes. Von Fatima nach Tschechenstochau zum Bier. Und als Proviant Fässer Bier. Wunder machen durstig. Bier und Marienerscheinungen!

Sie kommen aus den Fjorden des Nordens ans sonnendurchgleißte Mittelmeer zum Weißbier. Was heißt da Reinheitsgebot? Wer Durst hat, trinkt Bier. Ganz einfach Bier. Der Biergarten? Ja, das wäre etwas. Er brächte Ruhe ins Biertrinken. Keine deutschen Eichen – Rosskastanienwälder überzögen Europa. Herrliche Schattenspender beschützten uns vor dem Ozonloch, wir tränken unser tägliches Bier, sauften nicht, grölten nicht – bedächtig genössen wir unser Bier.

Am Atlantik oder an der Wolga! Nur so dasitzen. Leise fächelt der Wind.

Wir Europäer trinken uns zu. Von fern ertönt feine Blechmusik. Ohne Verstärker, versteht sich.

Wir Europäer verstehen uns.

Und wer das Bier alkoholfrei will, kann sich ja einen Schnaps dazubestellen!

FREIHEIT

Herr Fasnacht im Smoking.

Irgendwie ist es schon fast traurig, dass
solche Ideen ausgestorben sind. So Ideen
wie das Christentum oder – ja sicher, auch der
Kommunismus! Aber mei! Als Idee waren sie
ja nicht schlecht – dass es den Armen besser
gehen soll, und wenn nicht, dass sie dann in
den Himmel kommen und die Reichen in die
Hölle. – Ist ja verständlich, dass sie früher so
Ideen hatten, es ist ihnen ja auch beschissen
genug gegangen, und sie haben halt die Hoffnung gehabt, dass sie die Welt verändern können. Ihr Pech war nur, dass sie in der falschen
Zeit gelebt haben.

Heute weiß man aber – Gleichmacherei und Sozialschwärmerei, das ist passé. Der einzige Gedanke von früher, der wirklich Bestand hat, das ist die Freiheit!

Nur die Freiheit ist der Garant für einen gewissen Wohlstand. Der Freiheitsraum, das ist der Raum zwischen Angebot und Nachfrage!

Schaun Sie, Rom, Griechenland waren hochwertige Kulturen, von denen kommt ja die Idee der Freiheit – allerdings, ohne niedrige Lohnkosten wäre das alles nicht möglich gewesen. Ohne Sklaven gäb's heute keine Pyramiden.

Nur in der Freiheit behauptet sich der Mensch! Genau wie das Tier! Nur in der Freiheit, da gibt's eine Entwicklung.

Wenn Sie ein Tier einsperren in einen Stall, dann wird's fett, und wenn's fett ist, dann wird's geschlachtet!

Nichts gegen einen Stallhasen, aber Deutschland wird immer mehr so ein ... Was will er denn, der Deutsche? Er will raus aus Deutschland! Auf die Kanaris oder an die Costa del Sol, sich dort eine Eigentumswohnung kaufen und würdig – unter Deutschen – ein Leben zu Ende führen.

Aber um sich das leisten zu können, brauchen wir billige Arbeitskräfte! Der Deutsche selbst ist zu teuer geworden, welcher Deutsche kann sich denn heute noch einen Deutschen leisten? Das kann er sich nicht mehr leisten! Wenn er aber im Schwimmingpool plantschen will wie weiland der Römer, dann sage ich: Herein mit den Hottentotten, rein mit den Albanern, rein mit den Rumänen, das heißt, die vielleicht grad nicht, die faulen Schweine – aber Tschuwaschen, Chinesen …

Ein russischer Professor, der für DM 1.80 die Stunde meinem Kind Lateinnachhilfe gibt, meinen Garten umgräbt und als Chauffeur für mich nüchtern bleibt – ja, was wollen Sie denn noch mehr?!

Die Römer haben Kriege führen müssen, damit sie genügend Sklaven bekommen, und wir, wir kriegen s' so – einfach umsonst!

Aber wir Deutschen müssen höllisch aufpassen, dass wir die Freiheit nicht verspielen. Alles wird reglementiert! Der Deutsche kugelt in den Schulen umanander, bis er dreißig Jahre alt ist, dann arbeitet er, wenn er Zeit hat, bis er fünfundvierzig ist, dann kriegt er schon seinen Herzinfarkt – so geht's nicht!

Die Asiaten sind da viel freier. Da darf ein Kind schon mit sieben Jahren arbeiten, und zwar vierzehn Stunden, und wenn's will, ohne Urlaub. Das verschafft den Asiaten Vorsprünge, die sind nicht aufzuholen.

DIE SOUVERÄNE
PERSÖNLICHKEIT

Mir Deutsche sind eh immer, mir sind doch schließlich souverän: Mir brauchen uns ja net alles gfalln lassen. Mir ham doch auch Wertmaßstäbe hervorgebracht, die sich sehn lassen können. Zum Beispiel Begriffe wie »Spion« an der Haustür, im Französischen »le vasistas!«, »il Leitmotiv« heißt auf Italiensich, ich glaub, »das Leitmotiv«. Das Wort Stempel hat sich in ganz Südosteuropa durchgesetzt, Stempel, zu Schlagbaum sagt der Russe »Schlagbaum«, und unser deutsches Wort Sandwich heißt auf russisch »Butterbrot«. Oder nehmen S' den Humor. Dass er sich europaweit durchsetzt, ist gar keine Frage. Aber es hängt davon ab, ob diese Franzosen diese Raketen mit dem Satelliten endlich rausbringen. Aber wenn es funktioniert, könnens in Europa auch endlich über uns lachen, weil der deutsche Humor dann in allen Sprachen synchronisiert wird. Schaun Sie, ich spreche heute noch weder Französisch noch Englisch, und ich denke auch nicht im Traum daran, einmal Spanisch zu lernen. Und ich besitze eine Dreizimmereigentumswohung mit Bad / WC, alles tipptopp, direkt an der Costa Brava. Übrigens, die Costa Brava ist in Katalanien, also Gothalanien, des war amal deutsch. Andalusien kommt von Vandalusien, da ham wir auch schon vandalisiert. Man spricht immer von dem Verlust unserer Ostgebiete. Aber von den Südgebieten, die mir aufgeben ham müssen, redet man nicht. Die Lombardei, also Langobardei, war immer deutsch. Südtirol, denken S' an Südtirol, und das Elsass, durch und durch deutsch. Und wenn jetzt dann die Grenze fällt, wem gehört's denn dann wieder? Also dann. Nur in der EG, in einer Gemeinschaft muss man geben und nehmen.

Schaun Sie, zum Beispiel die Schlacht von Verdun, die ham mir verlorn, mir Deutsche, aber knapp. Und Stalingrad genauso, und die Schlacht von Trafalgar, wo die Engländer gegen die Spanier gekämpft ham, da ham die Engländer gewonnen. Jetz wenn wir aber Europäer sind, ham mir doch auch an Anteil am Sieg von Trafalgar und durchaus auch a Berechtigung, dass mir so a Nelson-Säule aufstellen. Die Welt wird transparent, schaun Sie, ein besitzender Türke, also der's zu was gebracht hat, dem steht doch heute die Welt offen. Nur ein anderer, ein Krattler, also ein türkischer Underdog, was hilft's dem, wenn er a bissl Deutsch kann? Selbst wenn er's fließend könnte, er bleibt so lange a Türke, bis er halt a Geld hat. Weil der Roland, mein Cousin – kennen Sie an Roland? Mein Gott, der Roland hat immer so gern Geld ausgebn, wie der des ausgebn hat, des war direkt unnachahmlich. Des war einfach schön, dem zuzuschaugn, wie er's ausgibt. Aber irgendwann hams ihn halt dann entmündigt, auf Betreiben von einer Bank, und dann is, glaub ich, noch was dazugekommen, und dann

hams ihm die bürgerlichen Ehrenrechte ge-
zwickt. Jetzt braucht er nimmer wählen und
hat auch keine Pflichten mehr. Sie müssten
an Roland jetzt sehen, wie er dasitzt, braun-
gebrannt, mit einer Virginia, spuit er Musik
auf der Zither, trinkt ein Bier nach dem andern, singt und juchzt, und des alles ohne
bürgerliche Ehrenrechte. Also, der Roland ist
direkt souverän. Der Roland bekennt sich
übrigens voll zum Analphabetismus. Überhaupt: 700 Wörter Gesamtwortschatz sind
heute keine Utopie mehr. Erst kürzlich fragt
mich mein Sohn, was »es törnt mich an« auf
englisch heißt. Da hab ich gsagt: »It turns me
on«, weil der Engländer statt an on sagt.

Weil des wär halt schön, wenn wir noch
viel mehr so Englischwörter übernehmen
würden ins Deutsche. Weil dann könnt a
Ausländer, wenn er Deutsch lernt, sich in
der ganzen Welt verständlich machen. Dann
wär er souverän. Aber mit der Bildung und
überhaupt ... was unsereins an abendländi-
schem Ballast mit rumschleppen muss, an
Dings, an Goethe, der andere, der Schiller,
und der ganz andere, der ... äh ... na ... solche

Leute jedenfalls, was ma da in der Schule jahrelang, was einem die da vorgesetzt ham, die ham sich leicht getan, die ham's hingschrieben und mir solltn's auswendig lernen. Und des is des Gute an der heutigen Zeit. Wir produzieren mehr wie je zuvor, bei de Bücher, Fernsehn, Zeitschriften, aber wir hinterlassen nichts, jedenfalls nichts Erwähnenswertes. Unsere Kinder sollen's amal leichter haben, wenn s' Geschichte lernen, der Karl der Große, okay, der muss sein, aber den ... ah ... den Honecker oder an Kohl, den brauchens amal nimmer lernen. Des is ja alles a Zeitproblem. Wenn heut einer kei Zeit ghabt hat, dass er a Persönlichkeit wird, dann kann er ja an Kurs machen, bei einem Persönlichkeitsdesigner. Und jeder Visagist macht ihm des entsprechende Gsicht dazu, was er braucht. Und dann hat er a Image, und dann braucht er a Persönlichkeit gar nimmer werden, weil dann is er souverän.

EINTRACHT

ANNA *Bedienung*
OTTO *Zapfer*
EBERHARD *Bayern-München-Fan*
ADE *noch ein Bayern-München-Fan*
Ort: ein Wirtshaus an der Ecke

Kneipe. Anna hinter der Theke; Eberhard am Flipper; am Tisch daneben ein paar Fußballfans, darunter Ade. Otto betritt das Lokal.

ANNA Ja, Otto, wo bleibst denn?
OTTO Wieso? Is doch eh no net vui los.
ANNA Des is egal, mir ham siebzehn Uhr ausgmacht.

OTTO Du kannst heut von Glück redn, dass ich überhaupts kemman bin.

ANNA Mei, was hast 'n heut für a Ausred?

EBERHARD *am Flipper* Zefixhimmiarschundzwirn, Scheißkastn!

OTTO Des is keine Ausred, des is die bittere Wahrheit. Heut, an der Bushaltestelle, da hams also direkt vor mir, haben a paar so Rowdys, ham da vor mir so an Mann verhaun, also so richtig zammgschlagn hams 'n. Wann i zerscht aus dem Bus ausgstiegn waar, na hätt's mi derwischt.

ANNA Und, is koa Polizei kemman?

OTTO De ham doch Wichtigeres zum Tun. Des war ja koa Demonstration, sie haben ihn halt zammgschlagn, net.

ANNA Des warn sicher wieder so Hausbesetzer mit ihre Kernkraftwerke.

OTTO Naa, so schlimm warn die net, des warn mehr so Fußballer.

ANNA Ah ja, heut is ja Pokalspiel.

OTTO Ja, genau, also, de ham jedenfalls behauptet, der Mann wäre eine Bayernsau.

EBERHARD Was? Wer hat da Sau gsagt?! Hast

du Sau gsagt?! *Packt Otto.* Hast du vielleicht Sau gsagt, Opa?!

OTTO Nanaa, ich hab gar nix gsagt, ich hab nur jemand zitiert.

EBERHARD Wer hat 'n nachert Sau gsagt?!

ANNA Niemand. So kommunistische Hausbesetzer.

EBERHARD Ah. So. *Flippert weiter.*

OTTO Nanaa, des warn keine Kommunisten, des warn Fußballfans, des war also net a so wichtig in dem Sinn, aber der Mann hat tatsächlich nimmer aufstehn können.

EBERHARD Diese Eintrachtsäue, aber de wern ma heut aufmischn. Zefix, Scheißkastn! *Haut an den Flipper.* Eintracht Zweitracht, Bayern schießt, dass es kracht! Hihaho! Eintracht geht k. o.! Oans – zwoa – drei, bumm, Eintracht, die fällt um. Prost! *Ein paar Fans brechen lärmend auf, Eberhard und Ade bleiben noch hocken.*

ANNA Kriegnma noch a Bier?

EBERHARD *rülpst* Diese Eintrachtdrecksäu, aber da, wenn i heit oan dawisch, der wird aufgmischt.

ANNA So, einmal Cörry mit Pommes ...

OTTO Für wen?

ANNA Da, der Herr ...

EBERHARD Zefix, Scheißkastn!

OTTO So, bittschön, der Herr, einmal Cörry-wurst mit Bommfrit, an guatn.

EBERHARD Herrschaftszeitnzefix!

OTTO Sie ...

EBERHARD Da stellst as hi, Opa.

OTTO Ja, Sie ...

EBERHARD De Sauhund, de varecktn!

OTTO Sie, was sind denn des für Ausdrück!

EBERHARD Halt dei Mai, du Schwammerl.

OTTO Ja, Sie, was san denn des für Aus-drück?!

EBERHARD Halt dei Mai, Opa, kimm, schleich di.

OTTO Ausdrücke hat der, den kannt ma ja di-rekt anzeign, wega Beleidigung.

ANNA Sei stad, Otto, der hat no net zahlt.

OTTO Ja, aber »du Schwammerl«, des is durchaus eine Beleidigung.

ANNA Wieso? Des kimmt oiwei drauf o.

OTTO In Nürnberg, da hams a Marktfrau zu zweitausend Mark verurteilt, weil s' an Polizistn bloß geduzt hat. De hat sonst no gar nix Despektierlichs gsagt, also, von Schwammerl war da noch gar keine Rede, obwohl's a Marktfrau war.

ANNA Na ja, aber Otto, du bist doch koa Polizist.

OTTO Aber »du Schwammerl« is scho a starkes Stück, Pilze und so, gell?

ANNA Mei, i dad sagn, Ansichtssache, gell, aber bei am Polizisten, da san des halt doch andere Maßstäbe, mögnma noch a Bier?

ADE Naa, zoin. Mir müassma ins Stadion eilaffa.

ANNA Woaßt, Otto, zu am Polizistn derf ma net amal Witzbold sagn, also Witzbold, des is für an Polizistn scho der Tatbestand einer Beleidung.

OTTO Ja, aber wieso? Witzbold, wann zu mir oana Witzbold sagt, des is doch eher was Positives.

ANNA Jaa, privat vielleicht, aber der Polizist, der war ja im Dienst. Na hat a Radlfahrer »Sie Witzbold« gsagt, des hat fei sechshundert Mark kost. Des hab i glesn.

OTTO Sechshundert Mark?!

ANNA Sechshundert Mark, des hab i glesn.

OTTO War der so beleidigt?

ANNA Ja, der Ausdruck »Witzbold« hat den in seiner Menschenwürde zutiefst getroffen. Und der hat »Sie« gsagt, gell, wenn der »Du« gsagt hätt, na waar des auf zweitausendsechshundert kemman.

OTTO Wieso?

ANNA Du hast doch grad selbst gsagt, as Du zu am Polizistn kost zweitausend. Und sechshundert Mark für 'n »Witzbold« macht zweitausendsechshundert.

OTTO Obwohl, des mit dem Du is auch so a Sache, des hab i jetz grad amal glesn, dass »du Arschloch« als Beleidung, des is wesentlich preiswerter als »Sie Arschloch«. Weil, in »du Arschloch«, da is noch ein versöhnlicher Rest, während »Sie Arschloch« ...

EBERHARD Huiii, da ander! Hast du Arschloch gsagt, ha?

OTTO Neinein!

EBERHARD I hab's doch ghört, dass du Arschloch gsagt hast, Opa.

OTTO Naa, ich hab wieder nur zitiert.

EBERHARD Er, da ander, hat Arschloch gsagt.

OTTO Ich hab Sie nicht gemeint, Ehrenwort.

EBERHARD Arschloch hat er gsagt, bist du vielleicht für d' Eintracht, na sagst as am bestn glei, na gehma naus! Gehma naus, Opa, ha?!

OTTO Neinein, ich hoff ja genauso, dass mir gwinnen.

EBERHARD Wird scho guat sein, Opa, wei irgendoan pack i heit no, des hab i im Urin, Meister, also, des schwör i da, irgendoan zerbaazld's heit no, des gib i da schriftlich, du Klätzn.

ANNA Na zahlen S' aber zerscht noch, gell.

EBERHARD Logo. Is scho recht. Da, riach amal, Schwammerl. *Hält Otto seinen Schlagring unter die Nase.*

OTTO Ja, hoffentlich wird's ein faires Spiel.

EBERHARD Ja, des hoffn mir aa, aber echtes Fairplay, vastehst, weil sonst sorgen mir für Gerechtigkeit, aber scho wirkli, gell! *Fuchtelt mit seinem Morgenstern herum.*

ANNA Geh, zoagn S' mir doch amal da Ihre Ausrüstung her – was ham S' 'n da ois?

– Sie ham ghabt einmal Cörry-Pommes und zwei Halbe, gell? Macht neun Mark zwanzig.

EBERHARD *zeigt her* Da, schaugn S' her, Mangan-Stahllegierung. Des pfeift ei!

ANNA Mei, da können S' zuhaun, ha? Neun zwanzig macht alles ...

EBERHARD Ja logo! Ade, zoag amal dein Killer her!

Ade kommt und zeigt Stahlrohr.

EBERHARD Satt, ha? Made in Germany.

ADE Hi ha ho, Eintracht geht k. o. Geht.

EBERHARD *zerknüllt Zehnmarkschein und schnippst ihn auf die Theke* Da, stimmt scho ...

ANNA Dankschön, der Herr, an schönen Abend noch, gell.

OTTO Und a schönes Spiel. Mir halten Ihnen die Daumen.

EBERHARD Geh weida, habts es net a paar Bierdosn, wei des wird heit a intensiver Abend ...

OTTO Naa, leider, des kriagn S' vielleicht no draußt am Kiosk, wann er no offn hat, dass es da vielleicht ...

Man hört von draußen hessischen Schlach-
tenbummlergesang: Gling, Glöckschä, glinge-
lingeling, gling, Glöckschä, gling. De Ain-
drachd dee wärd Maisda, da Äffzeh Gölln
wädd Zweida, dä HaÄsVau wädd dridda, un
Bajann geht äs bidda.

EBERHARD Ja, oiso, i muass naus. Heut wird
Bayern Tore schießen. Oder Eintrachtblut
wird fließen. Haa, haa, haa!

OTTO Der hat mich an Schwammerl gnennt.

ANNA Mei, Otto, sei froh, dass er dich Krisch-
perl net verhaut hat.

OTTO Der hat mich Schwammerl gnennt, den
hätt ich anzeign können. Und geduzt hat
er mich obendrein. Den hätt ich glatt können anzeigen. Also, wenn ma zu am Polizistn »Du« sagt und des scho zweitausend
Mark kost, na hätt der mit seinem »Du
Schwammerl«, und des hat er mehrmals
gsagt, des hätt den an Haufn Geld kost.

Von draußen dringt Gebrüll herein.

OTTO »Du Schwammerl«, des hätt den also
mindestens ...

Eberhard fliegt mit einem Urschrei blutver-
schmiert rückwärts zur Türe herein.

ANNA Ja, um Gottes willn, ja, was is denn des?!

OTTO Is Eahna was passiert?

ANNA Sollma 's Rote Kreuz rufen?

EBERHARD Naa, Polizei! Polizei! De ham mi beleidigt, de zoag i o! De ham Bayerndrecksau zu mir gsagt, des muass gesühnt werdn!

OTTO Ja, und verletzt ham Se sich obendrein.

EBERHARD Schnell, rufts d' Polizei, des war eindeutig eine Beleidigung.

OTTO Einhundertzehn, Funkstreife ...

ANNA *winkt ab* Ah geh, an Lappn, der ganze Boden is ja voll Bluat.

OTTO Da ham S' a Taschentüchl.

EBERHARD Es habts doch an Fernseher da herin, is des a Fernseher?

OTTO Ja, warum?

EBERHARD Ja, na schalt doch ei, Mann, jetz geht glei des Spui o. Schalt doch ei, du Schwammerl!

ANNA Otto, schalt ei. – Was is, mögnma noch a Bier auf den Schreck?

EBERHARD Logo. *Putzt seine Verwundung.* Diese Scheißeintrachtdrecksäue ...

Aus dem Fernseher Stadionton; ein Reporter
erklärt die Mannschaftsaufstellung.

ANNA So, da ham mir noch a Helles …

EBERHARD So, und jetzt geht's auf!

OTTO Ja, jetzt geht's glei los. Hoffentlich werd's
    a faires Spiel!

IM STAATSDIENST

Vitus Maria Deutelmoser sucht in seiner Akten-
mappe.

Herrgottsakrament, wo is denn das Des-
sert? Allwei vergissts mein Nachspei-
serl. Wenn ich meinen Dienst so tätigen
würde, wie meine Frau den Haushalt, wie
die den Haushalt schmeißt, dann würde der
Steuerzahler spitzen. Aber Gott sei Dank haben wir ein Pflichtgefühl. *Für sich* Ah, da hats
es versteckt. *Beißt in einen Apfel, kaut.* Ah,
was wir leisten, geht auf keine Kuhhaut, weil
wenn mir net dawärn, müassadn de ganzen
Ausländer hier ohne eine Genehmigung,

müassadn die hier frei herumlaufen, net, einfach a so, und das wäre doch eine Schlamperei, die wo seinesgleichen sucht! Wenn man bedenkt, wie viele Ausländer es gibt. Genaugenommen sind's ja alles Ausländer, nur der Deutsche nicht, und sogar da gibt es Grenzfälle. Ja, Sie wern's jetzt nicht für möglich halten, aber es gibt immer noch Ausländer, die wo ... die wo kein fließendes Deutsch reden. Ja, ich ... mir ham's doch auch lernen müssen, und sprecche ich heute noch ein fließendes Deutsch. Der deutsche Besinnungsaufsatz is schließlich weltberühmt. Weil ein gutes Deutsch, des wo einer heut, des is so, wie wenn ma, verstehn Sie, des is so, wie wenn ma amal sagad, net, des is quasi eine Rückendeckung für das ganze Leben. Und vor allem Grammatik, net. Da muss man Wert drauf legen, weil da, darin liegt die deutsche Präzision, net, von einem ausländischen Geist hat man ja noch nie was gehört. Weil wenn der Deutsche amal den Geldhahn zudreht, net, is das Ausland erledigt. Net? Aber dann kammadn ja noch mehr Ausländer, drum zahln mir ja, dass der Ausländer im

Ausland bleibt. Net? Um das aber finanzieren zu können, müssen mir natürlich – ah – noch mehr, ah, Ausländer hereinnehmen, und darin liegt das Problem. – Sie sehn also, welch eine Verantwortung wir hier haben, net, da herin, und drum bin ich auch ein Spezialist von der Ausländerabteilung, net, des war schon immer mein Wunschtraum, net, und ein Jugendtraum aa. – Sie müassn Eahna vorstelln, unser Amt, des war ja schon da, da hat's überhaupt noch gar keinen Ausländer nicht gegeben. Net? *Türklopfen, ein schneller Apfelbiss, dann leise* Hoppla, jetzt moan i, kimmt oana. *Laut* Herein!

TOLERANZ

Das weiß ich auch. Jeder redet heute von Toleranz – das kennt man schon. »Toleranz, Toleranz, Toleranz, da muss man tolerant sein« – aber mal einen Standpunkt haben, mal einen Standpunkt haben in einer Sache –, »Toleranz, Toleranz« … Ich kann's nicht mehr hören. Das Wort »Toleranz« ist kein deutsches Wort, das ist ein Fremdwort. Und »tolerieren« – »etwas tolerieren« –, das bedeutet nämlich so viel wie »etwas aushalten«. So schaut's aus. Also, wenn früher mal einer gefoltert worden ist, dann war der tolerant. – Ja, ich mein …

Toleranz ist auch sehr individuell. Der

eine sagt: »Das mach ich.« Der andere sagt: »Das pack ich nicht.« – Das geht bis zu den inneren Organen. Der eine frisst eine Schweinshaxe mit zwei Knödeln und frisst dann noch einen Apfelstrudel, weil sein Magen toleriert es. Und der andere sauft einen Gesundheitstee, und es wird ihm schlecht. Schon beim Magen fängt's an. – Oder der eine sagt: »Ich kann die Ausländer nicht mehr sehen, das Gschwerl.« Dann sage ich: »Das ist seine Meinung.« Aber ich tolerier das, was er sagt.

Wissen Sie, ich meine, ich will das gar nicht so abstrakt ... Ich mein das gar nicht abstrakt. Ich mein, ich kann gerne mal ins Konkrete – gehen wir doch mal ins Konkrete. Ja, werden wir doch mal konkret. Ich wohne hier seit dreißig Jahren, und da drüben wohnt diese Familie Böhm. Ja, die Familie Böhm – vier Kinder –, mehr brauch ich nicht hinzuzufügen ... Was? – Ja, der Papst zahlt's ja nicht. Dieser Böhm karnickelt vor sich hin ... und wälzt seine Probleme auf die Allgemeinheit ab – so schaut's aus. Nein, bleiben wir konkret – ganz konkret! Wann war denn

das, ich hab mir dieses Fußballspiel angeschaut, leider – Deutschland gegen –, leider
hab ich mir's angeschaut – gegen Portugal.
Ich hab mir ein paar Erdnüsse hin und ein
bisschen Bier, hab mir gedacht, schaust dir's
trotzdem an. Und – furchtbar, brauchen wir
gar nicht weiterreden, auf alle Fälle im Strafraum ... ich denke, um Gottes willen jetzt –,
auf einmal – zack! – ist das Bild weg. Ich
denke, was ist denn jetzt los. Ich switche,
switche – nichts zu machen, auf einmal
ist der Karl Moik drin. Und geht nicht mehr
raus. Verstehen Sie mich nicht falsch, ich
habe nichts gegen diesen Moik, aber im
Strafraum hat der nichts zu suchen. Und
so ist das die ganze Zeit ... immer, wenn
was Interessantes war – im Strafraum oder
Ding – zack! –, war wieder der Moik drin. Auf
alle Fälle ... jetzt sag ich Ihnen – nein, jetzt
sag ich Ihnen den Hintergrund. Der Hintergrund: Hat sich dieser Böhmkrüppel – der
Kleine – ist der Jüngste, der jüngste der Sa-
tansbraten –, man sagt ja immer, man sagt
immer: Kinder sind unschuldig – der nicht.
Dem müsste man prophylaktisch schon mal

links und rechts eine hineinschlagen. Haben Sie dieses Watschengesicht von dem schon mal gesehen? Dieses infame Gesicht von dem Kerl? Da rutscht einem die Hand sowieso schon aus. – Hat sich dieser Kerl vor mein Haus hingestellt, hat über den Garten reingeschaut in mein Wohnzimmer, hat gesehen, dass ich dieses Fußballspiel anschaue, und hat, immer wenn eine Torsituation war, mit einer starken Fernbedienung von draußen mir in mein Wohnzimmer hereingemoikt. – Wenn ich ihn erwischt hätte, ich hätte ihm sofort ... links und rechts hätte ich ihm eine hineingehauen. Und dann immer »Toleranz, Toleranz« – ich bin tolerant, ja, ich bin tolerant. Ich grüße den Böhm, obwohl er mein Nachbar ist. – Bleiben wir im Konkreten, es geht schon noch weiter, jetzt warten Sie mal. Welche Prüfungen man als Mensch – heute ... Das war dann ... Ich hab mir eine Sendung angeschaut – jetzt warten Sie mal, das war eine interessante Sendung –, die hat geheißen: Junge Polinnen zu Toleranz gezwungen – also, ich hab mir's nur aus wissenschaftlichen Gründen angeschaut. Halt eine Doku-

mentation, weil sonst tät's mich nicht interessieren. Und hab gleich mir ein bisschen
Leberkäse hin und ein bisschen Bier – aber
das Rouleau hab ich schon runter. Und ich
sitze da, schau mir das an – und das ist also
schon, also, was da –, wie diese Frauen ... auf
alle Fälle auf einmal läutet's an der Tür –
und zwar Sturm – ringringring! –, ja, was
mach ich, ich schrei meiner Frau, sag: »Mach
auf!«, weil ich kann ja nicht weg. Aber meine
Frau – da gehts dann schlafen, nicht wahr,
statt dass sie sich mal so was anschaut. Da
könnte sie auch mal was lernen. Nein, auf
alle Fälle, mir bleibt nichts anderes übrig, ich
stürze zur Türe, mach die Türe auf – und
wer? –, niemand da. Kein Schwanz, niemand
da. Ich hätte es mir denken können. Aber
jetzt warten Sie – vor mir liegt ein Päcklein,
ein Paket, brennt lichterloh. Ich bin natürlich erschrocken – was tun? Ich wollte es mit
dem Fuß wegstoßen, aber da könnte man
was anderes anzünden – also, in meiner
Geistesgegenwart bin ich dann halt sofort
drauf und hab's dann so mit den Füßen ge-
löscht. Ich hab natürlich mir schon gedacht,

woher der Wind pfeift – und wen ich da im Visier habe. Aber auf alle Fälle, ich habe mir gedacht, schaust dir trotzdem die Sendung fertig an, es hilft ja nichts. Geh ich wieder ins Wohnzimmer hinein und setz mich hin. Auf einmal denke ich – entschuldigen Sie den Ausdruck –, was stinkt denn da so? Hier stinkt es nach Hundescheiße. Schau ich: Ist der ganze Teppichboden voller Scheiße. Haben diese Saukrüppel vom Böhm einen Schuhkarton genommen, voll mit Hundescheiße gefüllt, mit Zeitungspapier umwickelt, habens einen Spiritus draufgeschüttet oder einen Beschleuniger, haben das Paket abgefackelt – und ich bin dann da so drauf – und über den Knöchel voller Scheiße. Wenn ich den Böhmkrüppel erwischt hätte, ich hätte ihn mit dem Kopf in die Scheiße reingetaucht, bis dass er erstickt. Und den Kadaver hätte ich dem Böhm rübergeschmissen. Dann kann er ihn recyceln. – Und dann kommt meine Frau: »Toleranz, da müssen wir tolerant sein, Toleranz.« Sag ich: »Hör auf – jetzt schauen wir mal auf dem Toleranzkonto nach bei der Familie Böhm, ob die noch im grünen Bereich sind«, sag ich. Tolerant, wer ist denn immer tolerant? Nur ein Depp ist immer tolerant. Sie werden mir doch Recht geben, wer ist denn immer tolerant? Kein Mensch. Selbst im eigenen Familienbereich kann's doch mal passieren, dass man seiner Alten eine aufstreicht, dass sie einen Purzelbaum schlägt. Bitte? Ja freilich ist das normal. Aber das sagen Sie mal heute jemand. – Ich sag häufig zu meiner Frau, ich sag's ihr immer wieder, ich sag: »Entschuldigung«, sag ich, »die Tatsache, dass du so selten eine fangst, da brauchst du dich bei mir nicht zu bedanken – bedanke dich bei meiner Toleranz«, sag ich. »Weil ich ertrage dich bisweilen, obwohl ich gar keinen Grund dafür habe«, sag ich. – Wissen Sie, Toleranz, das ist für mich kein abstrakter Begriff – Toleranz, das muss man praktizieren. Auf Wiederschaun.

GEMÜTLICHKEIT

Gemütlichkeit, das ist die Relation Zeit, Bier und Geld. Zeit, wenn man bedenkt, wie es früher zeitaufwendig war, zeitintensiv, direkt zeitfressend, bis eine Gemütlichkeit in unserem Sinne überhaupt erst hergestellt werden konnte. Früher, da musste man oft ganze Nachmittage, Abende, ja oft über Mitternacht hinaus in Wirtshäusern verbringen, bis sich eine Gemütlichkeit in unserem Sinne langsam, zäh, sirupartig zu ihrem Zenit hin entwickeln konnte. Heutzutage geht das Gott sei Dank viel schneller, eine Gemütlichkeit herzustellen, weil wir verfügen über die Ad-hoc-Gemütlichkeit oder, wie sie auch jetzt genannt wird, über die Instant-Grübigkeit. Und vom Geld her, es ist noch nicht lange her, da konnte man in einem Wirtshaus ein Bier, sagen wir, für eine Mark fünfzig erhalten. Heute allerdings, in einem original Altmünchner Bistro, zahlt man approximativ sechs DM für ein Bier, also, man sieht, heute ist es circa viermal so gemütlich wie früher. Warum das so zeitfressend war früher, so zeitaufwendig? Ich glaube, man beherrschte das früher noch gar nicht. Ein Bier einfach so bestellen, zahlen, trinken und dann gehen. Ich vermute, der Zeitverlust entstand früher beim Trinken selbst. Der Trinkvorgang früher, die Prozedur des Trinkens als solche, war ein mehr retardierter Prozess. Ich versuche ein Beispiel: Früher, allerdings sehr früher, man befand sich unter einem herrlichen Kastanienbaum bei circa siebenundzwanzig, achtundzwanzig Grad Außentemperatur in einem wunderherrlichen Biergarten auf erdbebensicherem Gebiet. Man schnauft durch. Herrlich! Man war in Sicherheit. Diese Ruhe, diese Natur, man seufzt, leise fächelt der Wind durch die Kastanienblätter. Der Hypophysenlappen im

Hinterkopf bewegt sich nur noch langsam, sporadisch, wie ein Segel in der Flaute. Eine äußerst angenehme Blutleere im Kopf macht sich breit und verschafft einem eine inwendige Tranquilität. Man blickt anhaltend in die Ferne, aber man erkennt nichts. Irgendwann dann, oder auch ein bisschen später, propellert gemächlichst ein Maikäfer vorüber. Summ, summ, summ, summ. Der Maikäfer grüßt, man grüßt zurück, weil man kennt ihn ja persönlich. Wohin des Wegs, Kamerad? Eijeijei. Wieder ins Pommernland? Ach, das ist ein Moment, da denkt man dann an etwas Schönes. An etwas Erhabenes im Leben, vielleicht an die Schlacht von Verdun. Die Schlacht von Verdun aber macht Durst. Oha, ein Erkenntnisprozess bahnt sich an. Bedächtig greift man zum Krug und führt denselbigen moderat, aber zielsicher zum Kopf. Niemals mit dem Kopf zum Krug – und plötzlich hält man inne. Es könnte jetzt vielleicht noch irgendein Gedanke daherkommen. Nein, das ist unwahrscheinlich. Das ist die Gemütlichkeit

DIE ZEIT

Zeit ist Zeit.
Ist Einheit für Gemütlichkeit.
Wäre Gemütlichkeit
dreitausendsechshundert
Sekunden in Zeit,
für wie viel Gemütlichkeit
bliebe dann Zeit?

Zeit plus Zeit ist mehr Zeit.
Brot plus Zeit ist Brotzeit.
Zeit mal Zeit ist Mahlzeit.

Der Maikäfer dreht
um den Tisch eine Runde,

Du weißt nicht das Jahr,
Du kennst nicht die Stunde.

Die Kastanie im Biergarten blüht,
freue Dich,
Du bist auf erdbebensicherem Gebiet.

Das ist die Wurzel aus Zeit.
Das ist per Saldo – Gemütlichkeit.

GERHARD POLT, geboren am 7. Mai 1942 in München, studierte in Göteborg und München Skandinavistik. Seit 1975 brilliert er als Kabarettist, Schauspieler, Poet und Philosoph auf deutschen und internationalen Bühnen. 2001 wurde er mit dem Bayerischen Staatspreis für Literatur (Jean-Paul-Preis) ausgezeichnet. Sein gesamtes Werk erscheint bei Kein & Aber.

HANNS CHRISTIAN MÜLLER, geboren am 14. April 1949 in München, arbeitete ab 1974 mit Gerhard Polt und Gisela Schneeberger zusammen. Seit 1979 ist er unter anderem als freier Regisseur, Autor und Musiker tätig.

VOLKER KRIEGEL, geboren am Heiligabend 1943 in Darmstadt, wurde vor allem als Jazzmusiker und Illustrator bekannt. Er hat zahlreiche Schallplatten veröffentlicht und sich außerdem als Cartoonist, Rundfunkautor, Dokumentarfilmer, Übersetzer und Erzähler einen Namen gemacht. Er starb im Juni 2003 in Spanien.

GERHARD POLT BEI KEIN & ABER

Bücher

Abfent, Abfent!
Ausgewählte Weihnachtsgeschichten
in Zusammenarbeit mit Hanns Christian Müller
und mit Illustrationen von Volker Kriegel
ca. 80 S., gebunden, ISBN 978-3-0369-5609-1

Circus Maximus
Das gesammelte Werk von Gerhard Polt
Geschichten, Stücke, Monologe und Dialoge
Teilweise in Zusammenarbeit mit
Hanns Christian Müller
832 S., gebunden, ISBN 978-3-0369-5101-0

Da fahren wir nimmer hin
Urlaubsimpressionen
in Zusammenarbeit mit Hanns Christian Müller
und mit Illustrationen von Volker Kriegel
64 S., gebunden, ISBN 978-3-0369-5111-9

Drecksbagage
Anwürfe, Unterstellungen, aber auch
Ehrabschneidungen
Coverbild und Illustrationen von Reiner Zimnik
128 S., gebunden, ISBN 978-3-0369-56517-9

Halleluja!
Die Bethlehem-Saga in sechs Bildern und
ebenso vielen Sound-Chips
Ein Gemeinschaftswerk von Gerhard Polt
und Michael Sowa
ISBN 978-3-0369-5220-8

Heute wegen Tod geschlossen
Dialoge von A nach B
Mit Zeichnungen von Greser & Lenz
64 S., gebunden, ISBN 978-3-0369-5247-5

Hundskrüppel
Lehrjahre eines Übeltäters
128 S., in Leinen gebunden, ISBN 978-3-0369-5608-4

Rafael Schmitz der Pommfritz
Mit Bildern von Michael Sowa
58 S., gebunden, ISBN 978-3-906542-03-4

CDs

Abfent, Abfent ...!
CD, ISBN 978-3-0369-1205-9

Apokalypsen
CD, ISBN 978-3-0369-1244-8

Attacke auf Geistesmensch
CD, ISBN 978-3-906547-73-2

Der Standort Deutschland
CD, ISBN 978-3-906547-51-0

Jubiläum
30 Jahre Gerhard Polt und Biermösl Blosn
Authentische Bierzeltaufnahme von Karl Well
2 CDs, ISBN 978-3-0369-1257-8

Und wer zahlt's?
CD, ISBN 978-3-906547-36-7

Hundskrüppel
Lehrjahre eines Übeltäters mit
musikalischen Streichen von Christoph Well
CD, ISBN 978-3-0369-1223-3

Kinderdämmerung
Drama um begabte Kinder
CD, ISBN 978-3-0369-1212-7

Der unbekannte Valentin
Mit Gisela Schneeberger und der Biermösl Blosn
CD, ISBN 978-3-0369-1118-2

Die ganze Welt und überhaupt
Improvisierte Dialoge mit Otto Grünmandl
CD, ISBN 978-3-0369-1106-9

Geht in Ordnung – Sowieso – Ja mei
Eine Live-Lesung mit Eckhard Henscheid
CD, ISBN 978-3-0369-1229-5

DVDs

Auf der Bühne 1+2
Live-Aufnahmen
DVD 1, ISBN 978-3-0369-1213-4
DVD 2, ISBN 978-3-0369-1216-5

Fast wia im richtigen Leben
Die komplette ARD-Kultserie mit Bonus-Episoden
5 DVDs, ISBN 978-3-0369-1220-2

1. Auflage August 2011
2. Auflage November 2011
3. Auflage April 2012
4. Auflage August 2014

Gestaltung und Satz: Sandra Rizzi
Druck und Bindung: CPI – Ebner & Spiegel, Ulm
ISBN 978-3-0369-5620-6

www.keinundaber.ch